너 와 함 께 한 오 늘!
나를 이끌고 가는 힘이다

**너와 함께한 오늘!
나를 이끌고 가는 힘이다**

초판 인쇄 | 2025년 8월 08일
초판 발행 | 2025년 8월 14일

지은이 | 방칠용
펴낸이 | 김경옥
펴낸곳 | 도서출판 온북스
등록번호 | 제 312-2003-000042호
등록일 | 2003년 8월 14일
주소 | 서울시 은평구 통일로 82가길 4-7
전화 | 02-2263-0360
팩스 | 02-2274-4602

ISBN 979-11-92131-34-4 (03810)
잘못 만들어진 책은 교환해드립니다.
이 출판물은 저작권법에 의하여 보호받는 저작물이므로
무단 전재와 무단 복제를 할 수 없습니다.

방칠용 에세이

너와 함께한 오늘!
나를 이끌고 가는 힘이다

온북스
onbooks

작가의 말 _ 프롤로그

    생각과 기억은 기록을 통해서 뚜렷해집니다. 그리고 그것은 살아 있는 이야기가 되어서 돌아봐도, 다시 봐도, 또 보고 싶어질 겁니다. 하얀 종이에 쓰인 깨알과 같은 단어와 문장을 잘 살리기 위해 지새운 숱한 날들, 새로운 소재를 얻고자, 듣고 보고 느끼는 것에 늘 촉각을 세우며 오늘을 살고 있습니다.
    이젠 아득하기까지 한 어쩌면 제 기억 속에만 있던 그 기억들과 오늘이란 일상을 보내면서 한 줄 한 줄 쓸 수 있는 이야기를 담았습니다. 무심코 넘겨버렸던 일상의 흔적이 일상의 기록으로 남게 되었으니 저에게는 정말 놀라운 일입니다. 그러면서 관심이 없다고 여겼던 일에 실은 나도 모르게 관심을 쏟고 있었다는 사실을 문득 깨달았습니다. 마음이 새롭게 다가가는 느낌을 받았습니다.
    하루하루의 평범한 일상이 내 삶이었고 그런 삶이 기록으로 쓰여 있는 이야기입니다. 뚜벅뚜벅 살아온 내 모습을 기록하면서 저는 제 삶을 정면으로 마주하게 된 계기가 되었습니다. 부끄러운 것도 자랑스러운 것도 아닌, 그저 있었던 일 그대로 똑바로 보고 인정하는 심정일 것입니다. 그동안 제가 해왔던 시간의 기록은 특정한 강의나 거창한 전문 지식 전달이 아닌 평소에 내가 생각하고 있던 것들을 묶어서 펴낸 오늘 같은 이야기 그 자체 기록이었던 것 같습니다.

회사에 다니고 집에서 짧은 시간을 활용하여 틈틈이 글쓰기를 시작하면서 쓰고 기록하는 일이 일상의 습관이 되었습니다. 글을 쓰는 일은 '하얀 종이에 마음의 혼을 심는 작업' 일 게다. 제가 모르는 책들의 작가들도 같은 마음이었을 겁니다. 이 책도 그렇습니다. 일상생활을 하며 알게 된 소중하고 아름다운 순간을 느낌으로 담고 그 내용을 글로 써보았습니다.

오늘을 살면서 좋은 아이디어나 중요하다고 생각되는 자료들을 그때그때 노트에 기록하기 시작했습니다. 생각을 쓰기보다는 쓰면서 생각을 분명하게 정리되는 자신만의 답을 찾을 수 있었습니다. 그 생각과 기록들이 한 편의 씨앗이 되어서 글로 만들어졌습니다. 그리고 보니 제겐 과거와 현재의 기록으로 '시간 여행' 을 한 경험이 되었습니다.

오늘은 우리 모두가 태어나 처음 맞이하는 하루입니다. 이 하루의 시간에 자신이 그토록 원하는 일을 해보고, 사랑하는 인연과 행복한 시간을 보낸다면 아직 오지 않은 내일의 우리는 분명 오늘보다 행복해질 것입니다.

누구나 행복해지기를 바라며 살아갑니다. 행복은 어느 날 문득 생겨나는 것이 아니라 하루 동안 만든 삶이라는 상자에 행복을 담아 오지 않은 내일의 자신에게 보내는 것이지요. 우리의 오늘은 내일의 선물입니다.

우리가 매일 맞이하는 오늘 하루는 어제 죽은 이가 그토록 바라던 내일입니다. 그들이 고대하고 누리고 싶었던 하루였음을 생각하며 살아야 합니다. 혹시 오늘이 내가 꿈꾸던 바로 좋은 날이 아닐까 싶네요. 선물 같은 오늘을 사는 우리에게 하루의 소중함을 알게 해 주기 때문입니다.

차례

작가의 말 _ 프롤로그 • 4

1
희망과 삶 _ 봄

1-1. 물거품이 희망으로 될 때	• 12
1-2. 가족 만큼 든든한 119	
1-3. 여행할 때 여기 어때	• 21
1-4. 인격은 말에서 나온다	
1-5. 어느 날 마음	• 29
1-6. 나부터 지혜롭게 살아야 한다	
1-7. 길을 잃은 이에게	• 37
1-8. 국민 자격증	
1-9. 시(詩)가 있는 공간	• 45
1-10. 기다림 _ 포토 에세이	
1-11. 세대 공존의 이유	• 51
1-12. 나이는 세월이 준 훈장	
1-13. 내 안에 봄 있다	• 61
1-14. 작별 인사는 짧게	
1-15. 미화 여사님	• 71
1-16. 욕심 때문에	

2
기억과 일상 _ 여름

2-1. 두 개의 꿈　　　　　　　　　　　　• 82
＃ 첫 번째 꿈
＃ 두 번째 꿈
2-2. 결혼합니다　　　　　　　　　　　　• 89
2-3. 계절을 알리는 매미
2-4. 무너지는 교육　　　　　　　　　　　• 96
2-5. 누구에게나 그런 순간이 온다
2-6. 시(詩)가 있는 공간　　　　　　　　　• 106
2-7. 당신이 틈을 보일 때
2-8. 강한 생명 얼굴을 내밀다 _ 포토 에세이　• 110
2-9. 80대를 준비해야 하는 60대
2-10. 덕질　　　　　　　　　　　　　　• 116
2-11. 가족
2-12. 소중한 모임　　　　　　　　　　　• 125
2-13. 장모님 틀니
2-14. 자랑합니다　　　　　　　　　　　• 132
2-15. 감동이 세상을 움직인다

3
추억과 결실 _ 가을

3-1. 단골 미용실 • 144
3-2. 신축
3-3. 친구와 동창 관계 • 153
3-4. 우리가 사는 직업 순환
3-5. 빼빼로 데이 • 160
3-6. 시험 보는 날
3-7. 마음을 전달하는 말 • 167
3-8. 어떤 얼굴
3-9. 불편함을 견디는 계절 • 175
3-10. 제2의 고향 인천
3-11. 금지팡이와 흙지팡이 • 185
3-12. 공간의 눈 _ 포토 에세이
3-13. 당구 게임 • 195
3-14. 똥꼬야
3-15. 회갑 여행 • 205
3-16. 시(詩)가 있는 공간
3-17. 나를 사랑하는 법 • 213

4
내가 본 세상 _ 겨울

4-1. 택배 기사님	• 218
4-2. 도전보다 빛나는 메달은 없다	
4-3. 부끄러움을 모르는 세상	• 227
4-4. 부모에게 자식이란	
4-5. 세월	• 235
4-6. 경험해야 삶의 꽃이 핀다	
4-7. 시(詩)가 있는 공간	• 241
4-8. 나를 알아보는 것들	
4-9. 사랑하며 살아요	• 248
4-10. 습관이 인생을 지배한다	
4-11. 여행 닮은 인생	• 255
4-12. 사람의 참모습을 보라	
4-13. 상상을 빚다 _ 포토 에세이	• 262
4-14. 마지막 달 삶의 계산서	
4-15. 자영업	• 269
4-16. 생애 벅찬 꿈을 꾸며 살자	

에필로그 • 278

1
희망과 삶 _ 봄

1-1
물거품이 희망으로 될 때

열심히 노력했는데 원하는 성과를 못 이루었을 때 '모든 노력이 수포가 되었다'라고 표현한다. 인생의 끝없는 시도에 수반하는 크고 작은 실패는 물거품처럼 자연스럽다.

백번을 잘했어도 한 번만 잘못하면 허사가 된다. 조그만 허점, 작은 실수 하나 때문에 전체를 망치는 일을 두고 이런 표현을 쓴다. 반대로 100+1=101+알파가 될 수도 있다. 여기서 1은 일에 대한 정확성과 경쟁력 있는 차별화와 열정과 희망을 포함된 숫자일 수도 있다.

100-1=0은 안전 방정식 혹은 서비스 방정식으로 불리기도 한다. 100명이 일을 했을 때 단 한 명이 사고를 일으키거나 이의제기를 받으면 모든 게 0이 된다는 뜻이다. 원래는 서비스 업종에서 "1%의 고객 불만이 100%의 실패를 가져온다"라는 식으로 활용되다가 이제는 경영, 마케팅, 행정까지 사회 전반에 걸쳐 '100-1=0'을 하나의 표어처럼 쓰고 있다.

일례로 부동산 중개 실무 과정에서 나의 작은 실수가 100-1=0 임을 여실히 보여준다. 긴 시간과 싸움 속에서 어렵게 이루어진 계약인데, 너무나 짧은 시간에 깨진 경우다. 이는 쌍방 중 일방이 계약을 해제하는 경우는 대부분 변심이다. 어쩔 수 없이 일방에게 매매계약 해제 통보서 작성하는 경우다.

매매계약은 쌍무계약 즉 '매도인과 매수인 모두 의무를 부담하고 있는 계약으로, 매수인이 잔금을 지급할 의무와 매도인이 등기이전에 관련된 서류를 넘겨줄 의무'는 동시에 이행되어야 한다. 매매계약 해제 통보서를 작성하고 매수인에게 보낸 내용이다.

1) 귀하는 합의한 계약 잔금 지급 일자에 잔금을 지급하지 못했다.
2) 따라서 귀하의 계약위반을 이유로 계약서 제9조에 따라 계약을 해제한다.
3) 이미 받은 계약금은 위약금으로 몰취하고 중도금은 반환할 예정이다.
4) 매도인(○○○)은 이미 등기이전에 필요한 모두 서류를 갖췄고 이를 넘겨줄 준비를 마쳤다. (공인중개사에게 다 맡겨놓은 상태임)

위 4) 항이 빠지면 매수인은 매도인 등기부에 처분금지가처분 설정을 할 수 있기 때문이다. 그 땅에 권리가 있는 사람의 땅을 딴 사람에게 넘기지 못하게끔 해두는 사전 처분금지이다. 단 한 줄을 빼먹은 것치고는 대가가 너무 컸다.

중개는 한자로 '仲介'라고 쓰는데, '사람인(人)'에 '가운데 중(中)'자를 쓰는 것에서 알 수 있듯 매도자(임대인)와 매수자(임차인) 간의 거래를 잘 이어줘야 한다. 자칫 잘못했다간 고객들의 전 재산을 하루아침에 잃어버리게 할 수 있다. 따라서 계약서 작성 과정에서 매도인(임대인)과 매수인(임차인)의 권리와 의무 등 세심하게 확인하고 설명해야 한다는 게 나의 방식이다.

물론 이런 경우가 법적인 업무처리에만 국한되지는 않을 것이다. 우리가 하는 업무 곳곳에, 일상의 모든 관계 속에 이런 지뢰가 숨어 있다. '100-1=0'이라는 마음으로 우리의 일과 사람 관계를 돌아보자. 한번 더 준비하고 확인한 덕분에 기대 이상의 큰 사고와 손실을 피할 수 있다.

나로 인한 큰 실수를 겪고 나면 정신이 혼란스럽지만 두 번 실수하지 않으려고 조금 늦더라도 꼼꼼하게 확인하고 재차 확인하게 된다. 무엇보다 자신을 신뢰하고 계약이 잘 성사된 고객 중엔 지금까지도 고맙다며 사무실에 방문하는 사람들도 있다.

예전에 식당을 했을 때도 예상 못 한 문제 발생을 해결 못 하고 끝내 마음을 내려놓고 폐업을 한 적도 있다. 아마도 사십 대 중반 나이에 준비했던 사업이라 의욕도 높았고 뭐든 배우면 할 수 있다는 의지로 어느 오리 식당에 일하게 된다. 그 당시 직장을 전전하며 살다가 친구의 권유로 그 일을 하게 된 계기가 됐다. 일정한 월급 대신 자기 능력으로 사업을 한다면 그 이상의 성과를 낼 수만 있다면 좋지 않을까 하는 기대심리가 컸다.

대부분 창업을 하는 경우 빠듯한 자금으로 시작을 한다. 이것저것 더 신경을 쓰다 보면 처음 계획보다 자금이 더 들어간다. 그래도 희망을 품고 앞만 보면서 살아간다. 처음 한두 달은 개업 축하 기간으로 시간이 부족할 정도로 바쁜 하루를 보낼 수 있다. 매출도 올라

가고 의욕도 크지만, 위기는 언제 다가올지 알 수가 없다는 것이다.

사업의 위기는 내부적인 요인보다 외부적 요인이 더 크다는 것은 피할 수 없는 위기에 처할 수 있게 된다. 내가 식당을 운영하면서 외부적 문제는 식당 위치와 주변 환경이 제일 컸다. 하지만 사업 위기는 천천히 오기에 좀처럼 알 수가 없다.

위기를 알게 되면 빠르게 대비하지만 결국은 막아내는 방법이 생각나지 않는다. 계속 위기를 안고 가야 할 것인가, 아니면 빠른 폐업을 결정해야 하는 단계만 남는다. 버티면 될 듯싶지만, 위기는 점점 더 커진다. 운영 자금도 바닥이 나고 음식 재료 살 여유도 팍팍해진다.

어떤 직업 또는 사업은 단기적인 기간으로는 결코 만족한 결과를 볼 수 없다. 1년 아닌 10년 단위로 살다 보면 세상에 이루지 못 할 일 거의 없다는 것을 알게 되었다. 내 생각은 그렇다. 사람이 무엇이든 결심하고 그 결심을 10년 동안 실천하다 보면 이 세상에서 이루지 못 할 일이 거의 없을 것이다.

문제는 지속적인 노력과 실천이다. 여기에 필수적인 것은 지속적으로 지원될 수 있는 자금이 있어야 한다. 사업을 하다 보면 잘만 나갈 것 같다가도 위기가 찾아온다. 내외적으로 크고 작은 위기를 넘기려면 대체할 수 있는 여유 자금이 있어야 한다.

조직 내에서 팀원으로 일을 하거나 혼자 사업을 해도 처음 희망이 끝까지 유지되지 않는다. 어디든 작은 실수로 일의 결과가 물거품이 될 수 있다. 그리고 모든 과정을 100% 운영을 한다고 해도 외부 환경이 도움을 주지 못한다면 그 또한 물거품으로 남게 된다.

'운칠기삼(運七技三)'이라는 말이 있다. 성공의 70%는 운에 달려 있고, 나머지 30%만 기술에 달려 있다는 뜻이다. 물론 기술을 유지하고 향상시키는 부단한 노력도 있어야 한다. 운과 기술이 공존해야 뒤의 성공에도 더욱 겸손하고 감사해야 하는 이유다. 이곳저곳을 둘러보며 살았지만 어디 하나 만만한 일은 없다.

깨어있는 시간 중에 가장 많은 시간을 차지하는 것이 일하는 시간이다. 만일 내가 선택한 직업으로 재미를 느낀다면 커다란 행운일 것이다. 일에 대한 환상 내려놓고 현실 바라보는 자세가 필요하다. 어떤 일이든 시작은 '0'에서 출발한다. 각자의 인생은 더 나은 자신을 위해 살아갔으면 한다. 자신의 희망이 실패가 아닌 성공의 열매로 거둘 수 있는 삶이 되었으면 한다.

1-2
가족 만큼 든든한 119

일상에서 우리는 언제든지 예상치 못한 위기와 마주할 수 있다. 사람은 기쁜 일이 있을 때 가족을 가장 먼저 찾는다. 사랑하는 사람과 좋은 순간을 나누면 행복이 배가 되기 때문이다. 하지만 몸이 아프거나 위기에 처한 절체절명의 순간엔 누구를 가장 먼저 찾을까.

많은 사람은 망설임 없이 119를 떠올린다. 119는 365일, 24시간, 언제, 어디서나 도움을 요청할 수 있는 신뢰의 상징이다. 화재, 구조, 구급 상황뿐만 아니라 긴급하지 않은 생활안전 분야에서도 신속하고 전문적인 도움을 제공한다.

119는 우리가 살아가는 일상에서 언제 어디든 그들의 모습을 보게 된다. 사람의 목숨이 위태로운 곳이라면 가족보다 먼저 달려가 망설임 없이 구급 역할을 발휘한다. 지금까지 나와는 관련이 없는 일처럼 느껴왔다. 거리에서, 좁은 골목에서, 장소를 가리지 않고 움직이는 119차량만 본 게 사실이다.

남의 일로 여겨진 것들이 어느 날 갑자기 나에게 닥쳐올 줄 몰랐다. 이런 급작스러운 상황이 나의 사태일 줄 예상하지 못했다. 모처럼 가족과 함께 점심을 먹으려고 집 근처 식당으로 갔다. 집을 나서며 삼계탕을 먹을까, 낙지랑 해물파전 먹을까, 아니면 흑염소탕 먹을까를 고민하다 결국 흑염소탕으로 의견을 모아 그곳으로 갔다.

그 식당은 점심때만 흑염소탕 값이 만 원이다. 가격이 저렴하니 점심때는 대기표까지 받고 기다려야 한다. 대부분 나이 드신 어른들로 자리를 가득 채우고 식사를 한다. 우리 가족도 탕 3개를 주문했다. 얼마 후 탕이 나왔고 딸은 탕 인증 사진 찍는다. 먹다 보니 밑반찬이 모자라 스스로 가져온 고추 무침이 큰 사고가 될 줄 몰랐다.

처음 나온 고추 무침은 맵지 않았는데, 추가로 가져온 고추 무침에 매운 청양고추가 있는 줄 모르고 먹었다. 입안에선 좀 맵다고 느꼈는데 그냥 목으로 넘겼다. "괜찮겠지"라고 생각을 했는데, 갑자기 배 속이 아파져 왔고 심한 통증이 느껴졌다. "아, 왜 이런 거지" 하며 손으로 아랫배를 움켜잡았다. 순간 통증이 심하다고 생각을 했는데, 그 통증이 머리 쪽으로 올라가는 느낌이 있고 나서 정신을 잃고 말았다.

"자기야, 정신 차려 봐!" 누군가 다급한 목소리가 들렸고 내 어깨와 등 뒤를 흔들었다. 정말 짧은 몇 초 동안 정신을 잃고 고개를 숙인 채 있었다. "왜 그러는데, 내 어깨를 툭툭 치냐?"라고 말하며 고개를 들어보니 아내가 내 옆에 서 있었다. "자기야 기억 안 나? 갑자기 식사하다가 기절한 거" 겁먹은 얼굴로 나를 보며 말했다. 정말 잠시 정신을 잃고 말았다.

딸은 겁먹은 얼굴로 "아빠 병원에 가봐야 한다"며 핸드폰으로

119를 불렀다. 10분 후에 119구급차량이 식당 앞으로 왔다. 구급차 안에서 간단한 혈압과 혈당 검사를 하니 모두 정상이었다. 구급대원은 "하필 오늘이 토요일이라 병원 응급실 운영이 쉽지 않으니 조금 더 쉬면서 이상이 있으면 다시 119를 불러 달라"고 부탁했다.

119차량이 간 뒤 혹시나 어떻게 될까 봐 집으로 오는 동안 아내와 딸은 내 두 손을 잡아주었다. 살면서 처음 119를 접했다. 가벼운 차 사고와 몸이 많이 아파도 119를 부른 기억이 없다. 정말 위급한 사람만이 이용하는 줄 알았다. 도로 위에서 급하게 달려가는 119구급 차량이 이렇게 가깝고 든든한 가족임을 처음 느꼈다.

오늘처럼 갑작스러운 사고와 불행이 누구에게나 올 수 있다. 불미스러운 사고 앞에 가족이 있다면 우선 가족이 사고 처리를 할 수 있다. 그렇지 못한 상황에서는 타인이 대신 응급 처리를 위해 119에 신고를 할 수 있다. 내가 어디서 어떻게 될 줄 모른다. 오늘을 살다 보면 각종 질병과 위험 속에서 살아간다. 몸이 건강해도 또 다른 사고를 직면하게 된다.

가만히 생각해보니 이번이 처음이 아님을 알게 되었다. 내 몸이 이상이 생긴 것이다. 그냥 지나쳐버릴까 하는 생각을 접고 대학 병원에 예약했다. 요즘은 급한 상황이 아니면 예약을 해야 병원 진료를 받을 수 있다. 병원 진료도 예전처럼 녹록하지 않다. 불편함을 감수해야 한다. 아직 해결되지 못한 의료 정책 때문에 애꿎은 환자만 힘들다.

이런 시기에는 아프지도 말아야 하고, 불미스러운 사고도 일어나지 않아야 한다. 언제 끝날지 모를 의료 정책이 걱정이다. 지금도 긴급 응급치료를 받아야 할 환자들이 일명 '뺑뺑이' 돌다 길 위에서 귀중한 생명을 잃고 있다. 환자를 볼모로 더 이상 불필요한 힘 싸움해야 하나. 마음만 답답하다. 결국 피해는 국민만 본다. 아찔하다.

오늘날 가족의 형태는 다양하고 복잡해졌다. 전통적인 가족의 모습에서 벗어나 다양한 형태의 가족이 서로 다른 사회적, 경제적, 문화적 배경 속에서 살아간다. 한 치 앞을 알 수 없는 게 오늘을 사는 우리 모습이자 삶이다. 돌이켜 보면, 우리의 일상은 예기치 못한 생명 위험을 맞이한다. 이러한 변화 속에서 단순한 소방 서비스 제공자가 아닌 가족보다 더 가깝고 든든한 119다. 시민의 안전을 지키기 위해 최선을 다하고 있는 119에 깊은 감사를 드린다.

1-3
여행할 때 여기 어때

　때 묻지 않은 청정 자연을 느낄 수 있는 곳이라면 단양을 빼고는 말할 수 없으리. 단양팔경이란 말이 괜히 있을까 싶다. 소백산 자연은 남한강이 흐르고 고요한 물소리에 강과 산을 청량함으로 만들어 낸다. 오랜 세월 바람과 물로 만든 자연의 색을 간직한 곳이다. 눈을 들어 어딜 봐도 아름다운 풍경이 눈길을 잡는다. 가는 곳마다 기암절벽으로 어우러져 감탄이 절로 나온다. 주변을 둘러보면 여행길마다 단양팔경 그림 속으로 '풍덩' 빠지게 된다.

　매년 여름휴가를 가면서 색다른 여행을 보낸다는 생각으로 출발했지만 짧은 시간에 다 구경할 수 있을까 걱정을 했다. 이번 휴가는 후회가 없는 많은 추억을 남기려고 아침 일찍 인천에서 고향 단양으로 출발했다. 도착하자 먼저 단양 시가지를 두르고 있는 강변으로 향했다. 단양 생태 체육공원 앞으로 고요하게 흐르는 남한강과 도담삼봉 등 주변 풍광이 아름다워 캠핑족에게 인기가 많다.

드넓은 강변에 인심 좋게 펼쳐진 주차장과 공터가 인상적이다. 축구장, 야구장, 파크골프장, 생태습지, 자전거도로, 간이화장실까지 여러 편의시설을 갖춘 데다, 단양 도심에 자리하여 주변 맛집이나 주요 관광지와의 접근성이 훌륭하다. 캠핑 시즌이 시작되면서 매주 주말이면 차박, 오토캠핑, 캠핑카로 즐기는 각양각색의 캠핑족들이 모여드는 이유다.

도담삼봉만으로 단양을 말하기엔 확실히 부족함이 있다. "심장이 쫄깃해지는 것들은 다 모여 있다!"라는 표현이 그냥 나오는 것은 아닐 것이다. '만천하 스카이워크'는 산꼭대기에 세워진 전망대다. 만천하 스카이워크를 이용하려면 주차장에서 주차 뒤 전용 셔틀버스로 산 정상까지 5분가량 올라가야 한다.

스카이워크에서 내려다본 단양의 풍경은 확실히 그 어떤 곳보다 근사했다. 무엇보다 둥근 계단 밖으로 설치된 투명 바닥 전망대가 압권이다. 굽이치는 남한강과 단양 읍내, 그리고 멀리 소백산 연화봉까지 시원하게 펼쳐졌다. 두꺼운 유리 아래 발밑으로 보이는 남한강의 풍경은 아찔하기까지 했다. 말 그대로 하늘 산책을 한다는 느낌이다.

시간이 허락한다면 사인암에 들러 잠깐의 소풍을 즐기거나, 계곡으로 유명한 하선암, 중선암, 상선암, 특선암까지 시원한 물소리로 마음을 씻고, 천 년 신비를 간직한 고수동굴, 천동굴, 노동동굴

체험과 명물로 소문난 잔도 길 등반을 통해 더 깊이 단양의 맛을 느껴보는 것도 좋겠다. 단양강 잔도길은 총길이 1.2km의 아찔한 암벽과 남한강 사이의 절경을 감상할 수 있는 곳으로 전국적으로 인기를 끌고 있다.

단양 구경시장은 단양팔경을 잇는 아홉 번째 관광지이다. 단양에서 가장 큰 전통시장으로 시장 먹거리가 많기로 유명하다. 대표적인 먹거리로는 마늘 통닭, 마늘 떡갈비, 마늘 순대, 흑마늘 빵, 마늘 만두, 마늘빵 등이 있다. 석회질 땅에서 자라 단단하고 향이 좋은 육쪽마늘을 앞세운 먹거리들이다. 단양이 우리나라를 대표하는 육쪽마늘의 주요 생산지 중 한 곳이기 때문이다.

점심을 먹고 단양팔경 중 구담봉과 옥순봉 강 줄기에 있는 장회 나루터로 갔다. 지금까지 지나치며 보았던 그곳에 오랜만에 형제들과 유람선을 탔다. 충주댐이 만들어진 후로 신 단양까지 유람선이 다녔다. 운행 과정에서 큰 화재 사고로 지금은 충주에서 장회 나루터까지 배가 다닌다.

단양에서 사는 형님과 동생은 몇 번 유람선을 탄 경험이 있다고 했다. 그래서 그런지 우리 식구만 마냥 신기함에 빠져 달리는 뱃 머리에서 동영상과 사진 담는데 정신이 없었다. 청풍까지 왕복 시간이 한 시간 사십 분 정도 소요됐다. 물살을 가르는 유람선에서 보는 풍경은 가히 신비롭다는 감탄 그 자체였다. 멀리서 바라보면 유람선도 강물에 조각이 된다.

　우리는 장회 나루터를 뒤로하고 아름다운 단양 수변공원으로 향했다. 수변공원은 낮과 밤이 잘 어울리는 산책로다. 달맞이 길과 단양호의 아름다운 풍경이 정말 잘 어울리는 도심 속의 호반 풍경이다. 다양한 조형물이 있어 보는 이들의 시선을 빼앗는 단양의 보물 같은 공원이다.

　마지막으로 구경시장을 들러 저녁식사 하고 고향에서 카페를 하는 친구한테 갔다. 너운 날씨에 목을 축이고 싶어 취향대로 주문했다. 마늘 아포가토와 마늘 우유, 그리고 친구가 직접 구운 빵 등을 디저트로 먹으며 단양 사인암 맛집 '한옥 카페 다솜'에서 이번 여름휴가를 마무리했다.

1-4
인격은 말에서 나온다

말을 예쁘게 하는 사람을 자주 본다. 그런 사람을 만나면 괜히 좋은 사람으로 보일 뿐 아니라 그 사람의 마음까지도 좋아 보인다. 예쁜 말을 하는 사람은 말씨가 마음이고 마음이 말씨를 소유한 따뜻한 사람인 것이다.

삶을 이끄는 긍정적 말투에는 "안 된다"가 아니라. "된다."라고 말을 해야 한다. 잘되려면 안 된다는 부정적인 말투부터 버려야 한다. 안 될 사람과 될 사람이 따로 정해져 있는 것은 아니다. 빠르게 잘되는 사람과 천천히 잘되는 사람이 있을 뿐이다. 대다수는 나중에 잘된다.

나중에도 안 되는 사람은 포기한 사람이다. 하다가 도중에 안 될 것이라고 여기며 그 이후에도 특별히 노력하지 않고 시간만 축낸다. 계속 안 되다가 결국 되는 사람은 포기를 모르는 사람이다. 된다고 생각하고, 잘 될 것이라고 말하고, 끝까지 노력하여 최선을 다한다.

여기서 포기란 한 분야만 뜻하는 게 아니다. 아무것도 하지 않는 것을 의미한다. 처음에 선택한 분야가 아니어도 다른 분야에서 충분히 잘될 수 있다. 말투는 표지판과 같다. 인생을 이끄는 방향이다. 먼저 생각이 앞장서고, 말투가 이끌고, 행동과 실천으로 현실이 된다.

평생 상처로 남는 말과 등불처럼 힘이 되는 말이 있다. "너는 겨우 그것밖에 못 해?"와 "너는 충분히 잘하고 있어", "누굴 닮아서 그 모양이니?"와 "누가 뭐래도 자랑스럽다.", "넌 몰라도 돼"와 "네가 이해할 수 있는 상황이 되면 그때 천천히 알려줘도 될까?", "네가 대체 잘하는 게 뭐야?"를 "잘하는 것만 멋진 게 아니야, 네가 해온 노력이 멋있어."

"뭐가 그렇게 예민한데?"를 "공감 능력이 뛰어나서 그래. 너의 장점 중 하나야.", "뭘 잘했다고 툭하면 우냐?"를 "감수성이 풍부하고 솔직한 거야. 너의 큰 매력이지." 등 우리가 살아오면서 가끔 한두 번 듣고 말했던 말투다.

평생 상처로 남는 말을 살펴보면 말 자체도 나쁘지만, 캐묻듯이 추궁하는 방식임을 알 수 있다. 상대가 가족이건, 연인이건, 친구이건, 입은 험해도 마음은 진심으로 아끼니까 됐다고 생각하는 경우가 대다수다.

진심이면 다 통할 거로 생각하는 편협한 사고방식, 정말 진심이라면 어째서 전달 방식을 고민하지 않는가. 여태껏 매우 잘못된 방식으로 진심을 전달하고 있었다. '빚'은 한국 사람들이 좋아하는 말이 아니다. 남에게 갚아야 할 돈을 먼저 떠올리는 말이기 때문이다.

'돈빚, 나랏빚' 등 빚을 지는 일은 개인과 단체를 가리지 않는다. 옛말에 '빚을 주면 상전, 빚을 쓰면 종'이라든지, '허허해도 빚이 열댓 냥이다'라는 말이 있는바, 빚을 진다는 것은 누구에게나 큰 부담이다.

빚이란 돈과 물질에 대해서만 지는 것은 아니다. 빚을 갚아야 할 은혜를 비유적으로 이르기도 한다. 주변에서 '마음의 빚을 갚지 못하여 마음이 늘 무겁다' 이야기를 듣는데, 그런 말을 할 수 있는 이라면 그 마음속에는 감사한 누군가가 있다는 뜻이다.

'세상에 빚을 져서 앞으로 열심히 살아야겠다'는 마음은 누군가에게서 받은 한 사람의 감동이 충분히 짐작된다. 물론 이런 마음의 빚에도 어두운 면이 있다. 오랫동안 갚지 못하고 있는 감정이나 원한을 '묵은 빚'이라 하는 것처럼 말이다.

'말 한마디에 천 냥 빚도 갚는다'는 속담처럼 말은 큰 빚을 갚는 힘이 있다고 한다. 그러나 말이 빚을 얻게 할 수도 있다. 말로 남에게 진 빚을 '말빚'이라 한다. 자기 말에 대한 책임을 져야 할 '말빚'을 기억한다면 겉만 꾸미고 실속 없는 말치레를 하지 않게 될 것이다. 말도 아름다운 꽃처럼 그 색깔을 지니고 있다.

그래서 말은 마음의 소리라고 한다. 퉁명스러운 한마디가 마음을 닫게 하고, 공격적인 한마디가 적대감을 만들며 상냥한 한마디가 따뜻한 정을 주고, 걱정스러운 한마디가 마음에 향기를 만든다.

생각 없이 내가 뱉은 한마디가 누군가의 인생을 흔들고, 용기 주는 한마디가 삶의 전환점을 만든다.

말은 인격을 나타내며 사람을 돋보이게 하고 추락하게도 한다. 신중하고 가슴에 남는 한마디는 필수 비타민이다. 말씨는 곱게, 말 수는 적게 하는 말이 보석이요. 하는 말보나 듣는 말이 보약일 것이다. 그래서 듣는 귀는 두 개이고 말하는 입은 하나이다.

칼에 베인 상처는 쉽게 아물지만 세 치 혀에 베인 상처는 오랜 기간 아물지 않는다. 그러나 아무 말도 하지 않으면 아무런 일도 일어나지 않는 법이다. 말이 거친 사람, 말이 과한 사람, 말이 앞서는 사람, 말이 많은 사람 등 여러 부류가 있다. 사람에게 인품이 있듯이 말에도 인품이 있다. 말을 잘하는 마음이 당신의 스타일이라면 말은 곧 당신의 인품을 만든다.

1-5
어느 날 마음

    일교차가 점점 커지는 요즘, 아침저녁으로는 가을을 살고 한낮에는 여름을 살아간다. 부디 우리의 생각과 마음이 가을 하늘처럼 높아지기를, 내 목소리와 행동은 깊이를 생각할 수 있는 시간에 녹아 있기를 바란다. 좋은 마음은 반드시 좋은 마음으로 화답을 받는다. 이를 선의의 연쇄 작용이라 부른다.

    자신만의 일, 자신만의 사업을 해나가는 모든 사람이 이 '처음'을 잊지 않았으면…. 무슨 일을 하든 마지막까지 잃지 말아야 할 초심이다. 그리고 부디 끝까지 살아남아야 한다. '열 길 물속은 알아도 한 길 사람 속은 모른다'는 말처럼 변하기 쉽고 불확실한 것이 사람의 마음이다.

    생각해 보면 삶의 변화와 아름다움은 높고 낮음에 달린 듯하다. 높고 낮음이 없다면 그 무엇도 없다. 높고 낮음의 크기에 따라 물길이 다르듯, 사람의 마음 크기에 따라 살아가는 모습이 다른 것과 물은 비슷하다. 세상을 살아가며 얻은 지식은 얼마나 될까? 지식을 습득하고 얻은 기쁨은 어떤 크기로 남을까? 드러난 사실보다 그 안에 숨은 지혜를 더 많은 사람과 나누고자 노력하고 있다.

내가 가장 좋아하는 시간은 더 나은 사람과 책으로 만나는 것과 세상의 지식을 모으는 시간이다. 먼 훗날 삶을 후회 없이 살았냐고 누군가 묻는다면, 그 질문 앞에서 부끄러움은 훨씬 더 줄어들 수 있지 않을까? 시간이란 다시 올 수 없는 게 진리이므로 어쩌면 무겁고 무서운 말이기도 하다.

인생에서 시간 관리를 잘하고 싶다면, 그리고 삶을 더 알차게 보내고 싶다면, 내가 가진 마음을 실천하고 적용하여 노력한다면 그보다 올바른 삶은 없으리라 생각한다. 우리가 생각하는 거창한 것들이 아닌 작은 소망과 같은 예쁜 마음이다.

세상 모든 이가 태어나면서 공평하게 나누어 갖는 시간, 이 시간을 어떻게 쓰느냐에 따라 인생이 의미 있게 흘러가느냐 무의미하게 지나가느냐가 결정되는 것이다. 삶이란 시간이라는 자원 그 자체입니다. 어떤 삶을 살 것인가라는 가장 중요한 문제에도 시간을 어떻게 활용해야 하는가가 밑바탕이 되어 있어야 한다.

우리는 우리의 인생을 사랑해야 한다. 남을 사랑하고 이해하려는 고민을 많이 하지만 정작 나를 위한 사랑과 이해에 시간을 쓰려고 하지 않는다. 조금이라도 후회를 줄이고 싶다면, 삶의 가치를 높이고 싶다면 무엇과도 바꿀 수 없는 시간을 소중히 대하면 좋겠다.

지금도 그 시간은 흘러가고 있다. 어떻게 살 것인가? 시간이 없다. 지금 바로 실천한다면 시간은 내 편이 되어 돌아올 것이다. 몸의 근육은 운동으로 키우고, 마음의 근육은 관심으로 키운다는 말이 있다. 그만큼 자기애로 나를 지키며 살아야 하고, 독서를 하며 마음을 키우고, 좋은 시간 만들면서 인생을 즐겨야 한다.

1-6
나부터 지혜롭게 살아야 한다

지혜로운 이는 끊임없이 움직인다고 한다. 우리가 잘 알고 있는 토끼의 이야기이다. 교활한 토끼는 구멍을 3개나 뚫지요. 사기의 '맹상군 열전'에 나오는 얘기로, 불안한 미래를 위해 미리 준비해야 한다는 말이다. 토끼는 민첩하고 영민한 동물이다. 굴을 3개 판다고 해서 '교토삼굴(狡兔三窟)'의 지혜라는 뜻도 있다. 살면서 누구에게나 복합적인 위기가 올 수 있다. 위기를 넘는 단계로, 우리도 영민한 토끼를 닮아서 지혜로운 방법이나 계획 등 이런 대안을 마련해야 한다는 뜻이다.

지혜롭게 산다는 것은 쉬운 일은 아니다. 끊임없이 움직이고 더 나은 미래를 위한 준비를 해야만 한다. 내가 만들고 해결해나가는 인생의 각자도생과도 같다. 지나간 시간은 어쨌든 흘러간 시간이다. 잘했든 못했든 어쩔 수 없는 것이다. 그렇지만 현재와 미래는 과거와는 다르다. 지나간 날들이 만족하든 후회하든 이미 가버린 시간에 불과하지만, 현재를 바라보고 그 생각을 뚜렷하게 만들어

가고 있다고 확신할 때 자신의 미래 그림도 그려지게 된다.

　한해의 목표를 작심삼일로 만드는 것도 문제이지만 계획을 실천하지 못하는 많은 생각들이 더 큰 문제를 안고 산다고 봐야 한다. 그래서 그런지 요즘 내 삶의 계획은 다르다. '이왕 시작했으면 유종의 미를 거둬야 한다' 라는 것과 '매사를 간절함으로 살되, 끝까지 중요한 건 내 마음이 꺾이지 않는 것' 이다.

　전에는 간절함이 부족했던 탓일까. 추진했던 일의 과정에서 쉽게 마음을 접고 그만두는 실수도 잦았다. 그 이후로는 차츰 내 생각을 소중하게 받아들이고 최대한 생각들을 실천하기로 결심을 하게 되었다. 이런 모습은 나를 위한 좋은 습관이 내 안에 자리를 잡고 있음을 알게 된다.

　2022년 9월. 모 신문사에서 '사람이 무기다' 을 읽고 쓴 자유로운 형식의 독후감을 공모한다는 광고를 했다. 이 책의 내용을 요약하면. 시골 건달 출신으로 천하를 통일하고 한나라를 세운 한 고조 유방의 역사 속 성공담을 한의상 회장이 자신의 용인술과 경영철학으로 풀어낸 자기 계발 분야의 성공 전략 지침서이다.

　공모 광고 전에 구매해 읽었던 책인데, 독후감 공모전이 있다고 하니 그 책을 몇 번이고 읽고 나서 그 느낌을 어떤 내용으로 독후감으로 써야 할지 고민하고 고민했다. 어떤 책을 읽고 난 후 독후감을 써 본 기억이 가물가물하다. 학창 시절에나 한두 번 있었나 싶은 먼 기억이 머릿속에 맴돌고 있다.

　막상 독후감을 쓰려고 하니 걱정이 앞선다. 다른 이들은 독후감을 어떻게 쓸까? 어떤 형식으로 써야 할지 고민했다. 그래, 쉽게 세

가지만 정하고 그 내용을 쓰려고 정했다. 각자 자유로운 형태의 내용으로 써서 보내면 되는 것이라서 '나만의 성공 전략 무기 세 가지'로 독후감을 써 보았다. 독후감 내용은 이랬다.

첫째, 내 편을 만들려고 하지 말고, 먼저 상대의 편이 되어 상대를 칭찬하라.

요즘 세상이 과거 고도 성장기에 비해 빠르게 성공하기도, 쉽게 돈을 벌기도 어려운 시대라고 한다. 아예 '이번 인생은 망했어.' 또는 '기쁨을 나누면 상대가 부러워하고 슬픔을 나누면 나의 약점이 된다'는 자조적인 표현을 한다. 자신이 인생에서 성취한 것들을 부정하는 모습을 보이기도 한다. 자신과 상대를 부정하고 격멸하는 부정적인 모습일지라도 오히려 그럴 때일수록 조금 여유를 갖고 자신이 먼저 바라보고 살피는 마음 씀씀이가 필요하다.

작은 사람은 일을 먼저 보고, 큰 사람은 사람을 먼저 본다고 한다. 한 사람을 평가할 때 노력의 효과나 노력의 가치를 별로 중요하게 생각하지 않고 과정에도 큰 의미를 두지 않는 악순환이 벌어지면 안 된다. 그것보다는 칭찬의 기술, 재능보다 노력을 칭찬하고, 이름을 불러 칭찬해야 인격이 높아진다. 또한 의도하지 않은 행동, 관계를 살펴 칭찬하고 덜 알려진 부분까지 칭찬하면 상대가 나를 도와주는 효과를 볼 수 있다.

중개 실무에서 거래 상담과 계약 단계에서 종종 실수하게 되는데 고객 모두를 내 편으로 만드는 그 자체가 힘든 일이다. 고객은 본인의 편이 되어주길 바라고 상대보다 먼저 자기 이익을 생각하기 때문이다. 그래서 거래 계약 때에는 거래당사자 편에 서서 쌍방이 얻을 수 있는 이익이나 좋은 조건 등이 성립해야 순조롭게 계약이 성립될 수 있다. 원만한 사람 관계와 어떤 일의 성사에 있어 중요한 것은 내 편을 만들려고 하지 말고, 먼저 상대의 편이 되어 상대를 칭찬해야 한다.

둘째는 때로는 잠시 멈추고 미래를 설계하라.

질주하던 인생의 시동을 끄고, 집중적으로 자신을 성찰하고 삶을 실험하는 시기로 평범에서 비범으로, 인생을 도약시키는 미래의 시간이 필요하다. 많은 사람이 앞으로 펼쳐질 미래에 현재와 다른 대단한 업적을 이루고자 한다면 무언가 현재와는 다른 삶을 살아야겠다고 생각한다.

현재 겪고 있는 문제들을 극복하고 다른 삶을 살고 싶다는 의지가 생기면 지금 주변에 있는 것들을 훌훌 털어버리고 백지상태에서 새롭게 시작해야 한다. 잠시 멈추지 않고 미래로 간다면 자칫 자신의 궤도를 벗어나 위험의 길로 질주할 수 있다. 모든 사물을 바르게 못 하고 거꾸로 보는 것이고 미래를 보는 헛된 꿈을 꾸고 있으면서 그것이 꿈인 줄을 모르고 현실로 착각하고 있는 상태로 살아갈 수 있다는 뜻이다.

사람을 위해 돈을 만들었는데 돈에 너무 집착하다 보니 사람이 돈의 노예가 되어가는 것처럼 자기도 모르게 어느 순간 거꾸로 되는 것이다. 이 모든 현상에 헤매는 현대인이 오늘날 바로 자신은 아닐지 되돌아보는 시간이 필요하다.

지금까지 치열하게 살아온 시간을 일상기라 한다. 일상기를 지나 전환기에서 잠시 멈추고 자신의 과거와 현재를 돌아보고 미래를 설계하는 시간은 인생에 있어 정말 놀라운 경험을 하게 된다. 내가 좋아서 했던 일인데 주변에서 뜨거운 반응과 기적을 낳을 수 있는 멈춤을 서서히 알게 되는 순간이다.

셋째는 따르게 만드는 리더가 되라.

성공한 수많은 리더는 자신의 손에 쥔 것에 집착하지 않고, 상대가 어떤 것을 원하는지 더 나아가 상대가 내 패를 어떻게 읽고 있는지 알아내기 위해 상대에게 관심을 가지는 데 집중을 하기 때문이다. 반면 실패한 리더는 스스로가 완벽한 인간이라고 자만하며 상대방의 장점이나 상대방이 쥐고 있는 것을 보지 못함으로 결코 원하는 것을 얻을 수 없는 사람이다.

항우는 '따르게 만드는 것을 탁월하게 잘한 리더'였던 반면에 유방은 변변하게 탁월한 부분은 없지만 '따르고 싶었던 리더'라고 볼 수 있는 인물이다. 항우는 질래야 질 수 없는 싸움에서 졌고, 유방은 이길 수 없는 어려운 싸움에서 이겼다.

완벽한 리더가 되기 위해 노력하기보다는 상대방이 내게 원하는 것, 상대방에게 내가 채워줄 수 있는 것이 무엇인지 살피고, 그것을 채워 나가기 위해 노력하는 것이 필요하다. 조직을 성공으로 이끌고 결국 자기 자신도 성공하게 만드는 리더십은 완성된 결과물이 아닌, 신뢰와 존중으로 수많은 사람이 채워가는 발전과 진화의 과정으로 만들어야 한다.

  미래의 성공한 리더가 되기 위한 자신의 이미지를 만들고 나만의 상징이나 캐릭터를 계발하는 것, 스펙보다 스토리를 만들어야 상대방이 나를 따르게 만드는 유일한 리더 존재가 되는 것이다. 이를 위해서는 유익한 경험과 참신한 지식으로 무장해야 한다. 또한 리더는 조력자와 좋은 관계를 지속할 수 있게 연결하는 마음의 끈을 놓지 말아야 한다. (공모전 내용)

  자신의 성장과 변화 속에서 가장 중요한 것은 함께 일하는 사람이다. 사람은 사람이 없으면 성공할 수 없을 뿐 아니라 생존할 수도 없다. 그만큼 사람이 중요하다. 성공의 전략 무기는 사람마다 각자 다를 수 있다. 그 상황과 마음의 변화를 자신이 먼저 알고 난 후 어떻게 진행하려는 진솔한 자세가 더 중요한 관점이다. 살면서 불확실한 미래를 어떤 마음으로 바라보고 더 지혜롭게 대처해야 할 지 한 번쯤 짚어본 참다운 삶의 계기가 됐다.

  훌륭한 생각을 하는 사람은 많지만, 그것을 행동으로 옮기는 사람은 드물다고 한다. 훌륭한 생각이 많아도 좋지만 그만큼 실천으로 가는 데 한계가 있다. 그럴 때는 실천 가능한 세 가지 대안과 이를 실천으로 옮긴다면 어떨까. 그리하면 삶이 지금보다 미래가 풍요롭지 않을까 싶다.

1-7
길을 잃은 이에게

우리가 잘 알고 있는 중국 고사 '새옹지마(塞翁之馬)'를 소개하면서 삶의 몫도 생각해 보면 어떨까 한다. 옛날 중국의 북쪽 변방에 한 노인(새옹)이 살고 있었는데, 어느 날 기르던 말이 멀리 달아나 버렸다. 마을 사람들이 이를 위로하자 노인은 '오히려 복이 될지 누가 알겠소'라고 말했다.

몇 달이 지난 어느 날 그 말이 한 필의 준마를 데리고 돌아왔다. 마을 사람들이 이를 축하하자 노인은 '도리어 화가 될지는 누가 알겠소'라며 불안해했다. 그런데 어느 날 말타기를 좋아하는 노인의 아들이 그 준마를 타다가 떨어져 다리가 부러졌다. 마을 사람들이 이를 걱정하며 위로하자 노인은 '이것이 또 복이 될지 누가 알겠소'라며 태연하게 받아들이는 것이었다.

그로부터 1년이 지난 어느 날 마을 젊은이들은 싸움터로 불려 나가 대부분 죽었으나 노인의 아들은 말에서 떨어진 후 보행장애인이었기에 전쟁에 나가지 않아 죽음을 면하게 됐다.

    복잡한 시대를 살아가는 많은 사람이 갈 길을 모르거나 길을 잃고 방황한다. 집으로 가는 길, 학교 가는 길, 직장 가는 길처럼 단순하고 목표물의 위치가 뚜렷한 길이 있는가 하면 어느 대학의 어떤 학과를 선택할지, 어떤 직장을 고를지, 어떤 여성이나 남성을 배우자로 골라 결혼을 할지 등 기로마다 선택해야 하는 인생길이 있다.
    세상만사는 변화가 많아 어느 것이 화(禍)가 되고, 어느 것이 복(福)이 될지 예측하기 어렵다는 말로 인생의 길흉화복은 늘 바뀌어 변화가 많음을 이르는 말이다. 우리는 살면서 많은 선택을 마주하며 산다. 결국 선택은 결과도 모두 내 몫이다.

    우리가 선택하는 길이 최선이거나 최상의 길만은 아니다. 그렇기에 선택한 길을 걸어가다 잘못 들었다 싶어 후회하기도 하고 되돌아가기도 한다. 인생길은 가보지 않은 길이고 내비게이션이 없기에 잘못 선택하기가 쉬워 실패의 위험성이 매우 높다.
    그래서 먼저 그 길을 선택해 걸어가 본 경험치가 많은 부모나 선배에게 조언을 구하고 현인들이 쓴 책에서 지혜를 구하고 있다. 그렇다고 잘못 선택한 길이 마냥 실패의 길로 인도하는 것만은 아니다. 그런 이유로 어제의 선택을 후회하지 않고 오늘의 결과를 부정하지 않으며 내일의 모험을 두려워하지 않기 위한 마음 자세가 중요하다.

벼랑 끝을 향해 가는 길만 아니라면 젊어서 잘못 선택한 길은 삶의 경험이 되고 더 커가는 데 자양분으로 작용할 수도 있다. 실패를 경험했기에 살피고 고쳐 앞으로 가는 길에서 실수를 줄일 수 있다. 안전하고 빨리 가는 길이라 믿었던 곧고 넓은 길에서 과속하다 사고로 다치거나 죽을 수 있고, 좁고 굽은 길에서 여유와 쉼이라는 위안과 평화를 얻을 수 있다.

　중요한 것은 잘못된 길로 가거나 길을 잃고 헤맬 때 빨리 인정하고 바른길로 가도록 궤도를 수정하는 용기가 필요하다. 길도 여러 갈래의 길이 있고 누구든 실수할 수 있다. 몇 번 실패했다고 해서 인생의 패배자가 되는 것도 아니다.

　평범함이 특별함이라는 걸 알면서 특별한 각자의 하루를 보낸다. 누구나 기회는 여러 번 있다. 길을 잃거나 잘못 선택해 헤매다 또래보다 조금 늦었다고 실망하고 좌절하지 말자. 더 빠르고 더 확실하게 목표와 목적을 뚜렷하게 세우자. 그리고 힘차게 일어서서 다시 시도해 보자. 기회는 제 발로 찾아오지 않기에 낙관적이고 적극적인 태도로 임하자. 위기는 당신의 약점을 보완할 수 있는 기회임을 명심하자. 길을 잃은 우리에게 불굴의 정신과 용기 있는 도전을 응원하는 이유다.

1-8
국민 자격증

　공인중개사 시험공부에 지칠 즈음 교수님들이 하는 말씀이 있다. "한곳에 미쳐야 원하는 것을 얻는다", "간절해야 생각이 행동으로 움직인다"고 여러 번 강조한다. 그러니 지금까지 공인중개사 공부가 많이 힘들어도 좀 더 힘내라고 응원을 해 주신다. 자격증 취득 이후 부동산중개업을 하더라도 공인중개사 시험 볼 때가 그나마 제일 쉬운 때라고 가볍게 한마디 남긴다.

　내가 40대 중반, 공인중개사 자격증을 취득하기 위해 공부할 때만 해도 이 말은 수험생에게 "열정을 불태워 공부해!"라는 채찍질 같은 말 정도로만 생각되었다. 그러나 한 번 빠져든 부동산 공부는 자격증 취득 앞에서 매년 실패를 거듭했다.

　3년 이상 재수를 하며 이쯤에서 그만두려고 결심도 했지만 내 마음은 쉽게 포기를 하지 않았다. 포기를 모르고 나와의 싸움에서

6년이란 세월을 보낸 후 나의 찬란한 공인중개사 자격증을 취득하게 된다. 결과는 나와 힘겨운 싸움에서 얻은 명예의 훈장이었다.

자격증 취득으로 실무교육을 받고 다음 해 3월 부동산중개업을 하게 된다. 그러나 부동산중개업에 종사하며 수많은 사람과 사례를 접하고 나서야 이 말의 진정한 의미를 알게 되었다. 시험에서는 문제를 주고 정답을 찾으면 되지만, 실무에서는 문제가 발생하여도 무엇이 문제인지조차 알 수 없는 경우가 많다. 문제를 모르니 답 찾을 엄두조차 낼 수 없다.

무엇이 문제이고 무엇이 답인지를 알 수 없으니 많은 시간을 투자하여 성공의 고지를 바로 앞에 두고서 수백, 수천만 원의 계약을 눈뜬장님처럼 눈앞에서 놓치게 된다. 아직도 수많은 사람이 평생 직업에 고수입의 전문직이라는 매력에 이끌려 공인중개사 자격증을 취득한다.

요즘은 '국민 자격증'이라는 말이 생길 정도이다. 그러나 그 매력 이면엔 수천, 수억 원의 손해배상에 연루되고, 고객에게 잡상인 취급을 당하는 것은 물론, 온갖 협박을 받으며 정신적 스트레스로 중개보수료를 수시로 포기해야 하는 무서운 상황도 있다. 그래서 어떨 때는 중개사가 감정노동자라는 서글픈 감정이 치솟는다.

나 역시 중개업을 하며 잡상인 취급도 받고, 잘못 없이 몇 시간

동안이나 고객에게 욕을 듣는가 하면 눈앞에서 수백만 원 중개 보수를 한순간에 날린 경험도 있다.

부동산중개업을 하겠다고 결심했을 때 나는 억대 연봉을 받고 돈에 불편 없이 살 수 있으리라 믿었다. 그러나 그 당시 현실에서는 나의 급여는 70만 원이었다. 어떠한 자격조건도 배경도 없는 내가 억대 연봉을 꿈꾼다는 것은 허황된 것처럼 보였다.

최근 몇 년간은 수많은 중개 실무자가 계약하는 과정에서 그들이 왜 소송에 휘말리고 고객에게 하대받는 을로서 중개를 하는지 그 이유를 알 수 있었다. 부동산중개업을 운영하기 위해서는 여러 가지가 있는데, 사업 성공을 위한 마음 다짐에는 다음과 같다.

첫째, 모든 것을 다 걸어야 한다.
사업에 인생을 걸어야 하고 아침에 눈을 뜨면 부동산, 저녁에 눈 감기 전에도 오직 부동산을 생각해야 한다.

둘째, 나만 할 수 있는 것이 있어야 한다.
예를 들면 유튜브에 광고할 때 무엇을 올리고 정확한 정보를 알릴 것인가를 유념해야 한다. 부동산 사무실 표시 광고와 고객을 위한 현장 정보도 함께 공유할 능력을 갖추고 있어야 한다.

셋째, 다른 사람의 도움 없이 나 혼자서 할 수 있어야 한다.
남의 도움 없이 모든 걸 혼자 할 수 있어야 다음이 있다. 부동산

직원이 필요 없이 그냥 혼자 하라. 혼자 중개업을 해야 일하기 쉬워진다. 효과적으로 일하기 위해서는 중개 실무와 사무실 운영 전반에 대한 실력과 동선을 나를 중심으로 체계적인 시스템을 만들어야 한다.

세상에서 가장 어려운 일 두 가지가 있다고 한다. 첫 번째는 내 생각을 남의 머리에 넣는 일이고, 두 번째가 남의 돈을 내 주머니에 넣는 일이다. 첫 번째 일을 하는 사람은 '선생님'이라 부르고, 두 번째 일하는 사람을 '사장님'이라 부른다. 계약에 앞서 상담 과정에서, 본 물건에 대해 자세한 내용 설명을 고객의 머리에 넣어 주어야 하고, 계약이 이루어지면 노력에 합당한 중개 보수를 받을 수 있다.

어쩌면 어려운 일 두 가지를 한 방에 해결하는 사람이 바로 개업공인중개사의 일이다. 이 두 가지를 소홀히 하면 법원이나 병원에 자주 들락거려야 한다. 민원과 소송에 휘말리고 각종 스트레스에 지쳐 병원을 의지할 수도 있다.

이 일을 하면서 정신적 지주로 남아 있는 말이 있다. '이것' 아니면 절대 믿지 마라! 이다. '사람을 믿지 말고 돈을 믿어라. 검증되지 않은 어떤 것도 믿지 마라' 매번 계약할 때면 당사자의 거짓말이 상대를 밀어내어 계약이 깨진다.

차라리 돈은 거짓말을 하지 않는다. 단지 계약의 금액만 차이가 있을 뿐이다. 또한 검증되지 않은 것은 계약에 절대 도움이 되지 않는다. 검증되지 않음을 약점으로 고객에게 고발과 소송의 빌미를 주기 때문이다. 이런 위험에서 벗어나는 길은, 사람보다 돈을 믿는 것과 검증된 사례를 사용하는 것이 더 편하고 안전하다.

수십 권의 책을 읽어 지식을 쌓고 시험을 거쳐 자격증을 땄다고 해서 전문가가 되는 것은 아니다. 지식이나 자격증은 전문가가 되기 위한 충분조건에 불과하다. 임상적인 경험에서 우러나오는 통찰과 지혜까지 겸비해야 진정한 전문가라 할 수 있다. 그 정도 수준이 되어야 책임 있는 진단과 조언이 가능해진다.

책에서 배운 것만으로 세상을 재단하는 어설픈 전문가가 초래하는 위험은 생각보다 크다. 나의 지난 경험을 돌이켜보건대 정말 그렇다. 살면서 한 번쯤은 넘어지면서 제대로 걷는 법을 배운다. 이런 경험들이 자격증의 정석이다. 이런 이유로 사람은 많은 경험을 통해 자기 삶을 귀하게 여기며 살아가는 것이다.

1-9
시(詩)가 있는 공간

낡은 앨범

먼지까지 쌓인 두툼해진 낡은 앨범을
먼지 털어내고 조심스럽게 넘겨본다

이삿짐 때만 옮겨와 어느 구석에 박혀있던
내 집에 몰래 숨어있던 보물상자다

세월을 토해내는 흑백사진
젊게 새겨진 내 모습, 내 청춘 깃든 사진
오랜 추억이 멀리 빛바래도
그 모습을 찾는 나는 행복하다

풋풋한 얼굴에 활짝 웃는 사진을 보다가
나도 모르게 방그레 웃음을 짓는다

함께 찍은 사람과 풍경들
잊힌 사람들과 사라진 풍경도 보인다
이젠 보고 싶어서, 가보고 싶어도
세월 앞에 먼저 간 사람, 더 이상 존재하지
않는 풍경도 있다

흐릿한 흑백사진 속에
낯설지만 익숙한 얼굴들
내 과거의 모습을 찾고 잊고 있던 감정을 되살리는
마법의 열쇠고 특별한 경험이다

한 장 넘기는 페이지마다
잊고 있던 추억들이 밀려와 가슴 한쪽을 따스하게 데운다
낡은 앨범 속 풍경 사진들은
그 시절의 시간과 추억을 고스란히 담고 있다

1-10
기다림

《 포토 에세이 》

기다림은 언제나 길다.

그러나 끝내 올 것이라고 믿고 기다릴 때
기다림은 시간 낭비가 아니라

오히려 예쁜 너를 오롯이 생각해보는
소중한 시간이 된다.

그럴 때 기다림은
설렘의 시간이 되고 만남의 반가움은
더 커진다.

살면서 갑자기 오는 것은 없다.
간절한 기다림으로 마음을 녹일 때
설렘의 시간 속에서 너는 꽃으로 왔다.

너를 만난 지 8년, 꽃으로 얼굴을 내민 너
그래도 행운의 너를 기다렸던 시간은
기다림의 행복이었음을 알게 된다.

녹보수 꽃말은 '행운과 행복'을 가져다준다는 의미를 가지고
있다. 특히 녹보수 나무의 꽃은 보기가 힘들다는 데 올해 꽃이
피어 어제와 오늘 사진으로 담았다.

녹보수 화분을 받은 기억이 새롭다.
처음 사업등록을 하고 공인중개사 사무소를 개업하던 날
지인으로부터 받은 축하 화분이다.

개업하던 날 많은 종류의 화분이 사무실에 들어왔지만 관리를
못 해 하나둘 버려야 했다. 그중에서도 녹보수는 여태까지 나와
함께 했다.
지역 사정으로 두 번의 사무실 이전을 했다.
처음 나에게 왔을 때는 30㎝ 높이 정도였다.
화분에 두 개의 나무로 자리를 잡아 작은 화분을 꽉 채운 모습
이었다. 세월이 지나니 두 개 중 한 개의 나무가 얼마 가지 않아
죽어버렸다.
이대로 잘 키울 수 있을까 걱정이 되었다.

걱정하며 정성껏 키우니 스스로 보란 듯이 쑥쑥 자랐다.
나무 성장이 커질수록 화분도 큰 것으로 바꿔주었다.
나무의 크기는 어느새 1m가 넘는다.
나무줄기와 잎새는 보기 좋게 자랐다.
나무가 자라면서 가지에 새순이 나왔는데 몇 번이나 새순을 꺾
었다. 너무 많은 잎새가 부담스럽기도 했고 나무 높이를 조절

해야 했다.
지성이면 감천이라고 했넌가!

오랜 기다림에 녹보수는 꽃으로 화답했다.
정말 신기하고 기쁜 날이다.
뭐든 기다림을 알게 해준 뜻깊은 오늘이다.

1-11
세대 공존의 이유

나이가 들어감에 따라 그 옛날 나이 많은 직장 상사가 되어 가는 느낌이라 아쉬울 때가 있다. 나는 꼰대가 아니라고 생각하고 아니라고 바랬지만, 되돌아보면 꼰대가 되어 가는 나를 마주하게 된다. 직업적 '꼰대'의 일원으로서 '꼰대'에 대해서 생각한다.

'꼰대'란 무엇인가? 쉽게 말하면 윗사람이 아랫사람에게 이래라저래라 잔소리하는 사람을 말한다. 그래서 우리 젊은이들이 나이 먹은 세대를 비꼴 때 꼰대라 부른다. 베이비붐 세대로 태어나 격동의 세월을 겪으면서 살아왔건만, 이젠 얼마 남지 않은 정년 퇴임을 앞두고 있다.

언제부턴가 우리 사회에서 서로 다름에 대한 갈등의 골이 심화되고 있다. 누군가 내뱉은 말들이 언론과 인터넷을 통해 여과 없이 전파되고, 그로 인해 서로 간의 다름의 벽을 쌓고 있다. 요즘 현대인들은 서로 다르다는 차이를 사소하게 간주하고 있다. 사실 거기서부터 모든 불행이 시작된다는 것을 알고나 있는지 궁금하다.

　사소한 차이에서 비롯된 다름은 커다란 차이로 이어지고 그것이 쌓이고 쌓이면 충분히 다툼 거리가 돼 큰 분쟁과 갈등으로 이어질 수 있다. 세대가 다르다는 것은 개성일까? 아니면 이상한 것일까? 보통의 사람들과 말이나 행동이 다르다고 해서 이상한 것은 절대 아니다.

　세대와 다름이 배척의 이유가 돼서는 안 된다. 이 세상에는 다양한 분류의 사람들이 다양한 빛깔을 가지고 살아가고 있다. 이렇듯 서로 다름의 벽을 넘어야 다른 사람들과의 관계 속에서 의미와 가치를 찾게 된다. 다양한 세대와 다름의 벽을 허물 수 있는 가치는 건강한 표현이 아름다운 관계를 지속할 수 있다.

　꼰대는. 권위적인 어른을 비하하는 은어다. 소위 '가르치려 드는 사람'을 말한다. 나이나 직급 등이 위인 사람이 꼰대라 불릴 수밖에 없는데, 꼰대 선배와 버릇없는 후배는 끝이 없이 반복되는 일이나 과정에서 엮여 있는 것 같다. 선배가 후배를 가르치려 할 때는 '꼰대', 후배가 선배를 가르치려 들면 '버릇없는 인간'이 되는 거죠. 그렇게 누구든 꼰대가 된다.

　'MZ세대'는 신세대를 가리키는 대표적 키워드다. 이와 함께 주목받는 또 다른 표현이 바로 '젊은 꼰대'이다. 열린 사고와 개방적인 사고방식을 가질 것이란 기대와 달리 구태의연한 관습을 고집하고 강요하는 MZ세대를 이같이 부르곤 한다.

MZ세대의 '3요', "이걸요? 제가요? 왜요?"

직장 상사가 내리는 업무 지시에 젊은 직원들이 되묻는 말로 20대인 Z세대와의 갈등 중심에 있는 말이다. 직장 내 임원 사이엔 '3요 주의보'라고 할 정도로 부담을 느끼며 함께 일하는 방법을 찾느라 고민이라고 한다.

그런데, 세 구절 모두가 세대 차이가 나온 생각의 태도와 일을 대하는 방식의 문제일 수 있다. 전 직장 세대는 했던 일인데, 젊은 세대는 평소에 안 하던 것인데(이것요), 제가 하던 업무가 아닌데(제가요), 일하는 이유(왜요)를 묻는다.

기존 세대에게 신세대의 특징을 물으면 종종 "말대꾸를 잘한다"라고 대답한다. 사실은 "말대꾸"가 아니라 "의견"을 얘기하는 데 주저함이 없는 것일 수도 있다. 반대로 신세대에게 기존 세대의 특징을 물으면 "정해진 답으로 대답만 해(답은 정해져 있으니 너는 대답만 해)" 같다고 한다.

"요즘 애들 버릇없어"라는 말은 지금 살아가는 현시대 모습이 아닐까. 불과 몇 년의 간격을 두고 세대 차이를 느낀다. 타인에게 구속받기 싫어하는 것이 인간의 본질이라 규정할 때, 꼰대 논쟁은 인간사에서 계속될 것이다.

그렇다면 세대 갈등, 알면 약 모르면 독, 세대 갈등은 도대체 왜 생길까? 에 대한 대략적인 차이를 알아보면 쉽게 이해가 되지 않을까. 신세대와 기존 세대는 무엇이 다르고, 어떻게 일하며, 어떻게 소통하는지, 어떻게 공존하면 될까를 아는 것이 중요하다.

이렇듯 세대 간에 입장과 인식이 다르며 세대 간 인식의 차이에는 긍정적인 면과 부정적인 면이 공존한다. 긍정적 상호 인식으로, 기존 세대는 의지력, 도전 정신, 열정적, 경험, 노하우 풍부였고, 신세대는 자기주장 강함, 학습, 습득 능력, 뛰어난 적응력, 빠르고 민첩함, 아이디어 풍부 등으로 봤다.

부정적 상호 인식엔 기존 세대는 권위적, 위계적, 의전 중시, 형식, 격식을 중시했지만, 신세대는 개인적, 상하 개념 부족, 게으름 등으로 봤다.

100세 시대를 준비해야 하는 지금은 평생직장보다 평생 수입원이 될 수 있는 평생 직업을 가져야 살 수 있는 시대다. 직장인이라면 하는 일을 잘하는 것은 기본이고, 1~2가지의 다른 직무에도 능통할 필요가 있다.

세대 간 따뜻한 공존과 화합의 온기를 나누기 위해 소통이란 원칙을 실천해보면 어떨까? 청년은 미래를 말하고, 중년은 현재를 말하며, 노년은 과거를 말하면서 살아간다고 한다. 마음 온도를 높인다면 세상도 그만큼 따뜻해지지 않을까? 세대 간 공존과 화합은 어렵고 거창한 것이 아니다.

따뜻한 격려와 배려의 말 한마디가 서로의 마음을 오해에서 이해로, 회피에서 포용으로, 무관심에서 사랑으로 녹일 수 있다. 지금 내 옆에 있는 다른 세대와 빵 한 조각을 나누며 진심으로 상대를 내 마음으로 초대하는 것에서 시작된다. 함께 발전과 공존을 위한 따뜻한 격려와 배려는 세대 간 정신적 자양분을 공급하게 된다.

　새로운 세대와 '우리'로서 일하려면 지혜로운 접근 방법이 있어야 한다. 이런 마음을 다른 세대가 알기는 쉽지 않기 때문이다. 기존 세대는 마음 깊숙이 다른 세대를 이해하지 못하더라도 '우리'로서 잘 지낼 수 있는 '방법'이 필요할 뿐이다.

　직장에서 20대 후배에게 피드백 주는 법부터 우선순위를 두고 업무의 내용을 알아가는 과정이 중요하다. 알아가는 과정에서 오히려 알게 되는 것은 기성세대 스스로의 모습일지도 모른다. 세대를 보면 시대가 보인다. 젊은 세대는 그 사회를 보여주는 거울 같은 역할을 한다. 거울을 보지 못하면 앞으로의 시대를 살아갈 '우리'를 볼 수 없게 된다.

　실로 이 사회에는 꼰대라고. 불릴 만한 사람들이 많을 것이다. 세대 간 차이는 늘 존재하고, 남에게 주제넘게 가르치기 좋아하는 사람들이 넘쳐나니 말이다. 꼰대가 많은 만큼 꼰대들이 이렇게 많은데, 왜 꼰대는 사라지지 않고 이토록 득실거리는 것일까. 그 원인 중 하나는 '참 꼰대'가 부족해서가 아닐까.

　참 꼰대는 인기에 연연해서 젊은 세대에게 아부하지 않는다. 물론 기성세대의 비위도 맞추지 않는다. 참 꼰대는 상대의 선택권 존중이란 명분으로, 정작 자신이 해야 할 중요한 결정을 상대방에게 미루지 않는다. 그것은 교육의 타락이라고 생각하기 때문이다.

　이런 의미로 참 꼰대가 되는 길은 험하다. 실력이 있어야 하고,

그러기 위해 본인이 공부를 열심히 해야 하고, 냉정한 평가를 할 수 있어야 하고, 그러기 위해 상대방에게 아부하지 말아야 하고, 미움 받을 용기가 있어야 하고, 그러기 위해 강심장이어야 한다.

그러니 이 사회에 참 꼰내가 없거나 드문 것도 이상하지 않다. 참 꼰대가 되는 일은 꼰대가 되지 않는 일보다 훨씬 어렵다. 참 꼰대가 없으면 뭐 어떠냐고? 그게 무슨 대수냐고? 생각해 보라. 참 꼰대가 없으면 꼰대를 '제대로' 미워하기도 어렵다. 오늘날 꼰대를 미워하거나 조롱하는 일은 너무 쉽지 않은가. 자기 편견에 기대어 비방하면 그만이다. 그러다 보면 세월의 흐름과 함께 그 자신도 꼰대가 되어 간다.

육체적 군살만이 아니라 정신적 군살이 늘어나고, 육체적 근육만 빠지는 것이 아니라 정신적 근육도 사라진다. 남는 것은 근거 없는 자존심과 세상 탓뿐이다. 근거 없는 자존심으로 남 탓하며 이래라저래라하는 것이 바로 꼰대 아니겠나. 이것이 바로 꼰대에 대한 수많은 비판과 조롱에도 불구하고 꼰대가 끝없이 재생산되어 온 원인 중 하나가 아닐까.

참 꼰대가 없으면 젊은 세대는 자신을 점검할 기회를 잃고, 예리한 비판의 날이 무디어지고, 어느 날 정신 차려 보면 그 자신 꼰대가 되어 있지 않겠나. 꼰대의 재생산을 막기 위하여 참 꼰대가 필요하다. 그러니 참 꼰대가 되는 일이 쉽겠는가, 게다가 참 꼰대의 수업은 쉽지도 않고, 상대방으로부터 인기를 얻기도 어렵다.

무엇보다 함께 일하는 직원을 미래의 긴밀한 관계로 생각하고 최적의 동업자처럼 대해야 한다. 언젠가 서로 도움을 주고받을 일이 생기기 때문이다. 회사에서 만나는 인연을 귀히 대접해야 한다. 미래의 든든한 사업 밑천 노릇을 할 것이기 때문이다. 참으로 어렵구나, '참 꼰대' 노릇하기란 정말 힘들다. 그래도 그 노릇을 해야 한다. 신세대와 함께 손잡고 가야 하기 때문이다.

건강하지 못한 생각보다는 긍정적인 방식으로 세대 간의 관계를 위해 노력할 필요가 있다. 동료에게 조언을 구하고, 경청하고, 또 의견을 수용하려고 노력하면 소통이 원활해진다. 새로운 정보가 있다면 동료들과 적극적으로 공유하고, 그들의 성장을 돕는 것도 도움이 된다. 자신의 조언을 경청하고 성장을 돕는 동료를 '시기'할 사람은 많지 않다. 복잡한 사회에서 특히 세대 간, 조직간, 동료와의 협업이 조직의 성과에 필수이기 때문이다. 멀리 가려면 함께 가야 하기 때문이다.

1-12
나이는 세월이 준 훈장

　어른이 된다는 건 기쁨이 줄어든다는 것과 그리고 모든 감정은 나에게 필요한 것이다. '좋은 기억뿐 아니라 나쁜 기억도 자신의 삶을 만드는 것'임을 인정한다. 불안과 부러움 등 온갖 감정의 소용돌이 속에서 길을 잃어본 적이 있었던 나, 자신에 대한 부정적인 감정으로 위축되었던 나, 타인의 인정을 받기 위해 애써 다른 사람을 흉내 내던 나, 내가 갖지 못한 장점을 가진 친구를 깎아내리려 했던 나…. 그 수많은 내가 떠올랐을 것이다.
　대부분의 어른은 자신의 마음을 돌보지 않는다. 감정본부를 지배하는 불안이 나를 엄습할 때 그것이 어떤 의미를 갖는지 이해하지 못한다. 많은 스트레스를 받고 실수를 저지른다. 몸의 건강을 위해 근력을 키우고 식습관을 개선하려 노력하는 사람은 많지만 마음을 위해선 그다지 관심을 기울이지 않는다. 하지만 마음도 몸도 마찬가지로 세심하게 살피면서 근력을 키우고 상처 난 부위를 치유해야 한다.

요즘은 살아온 날보다 남은 시간이 훨씬 짧다는 사실이 현실적으로 다가온다. 나는 과연 몇 년이나 더 밝고 맑은 정신력을 가지고 살 수 있을까. 육체적으로는 아흔을 넘기고 100살을 바라볼 수 있다지만 정신적으로도 그럴 수 있을까. 남은 시간이 길지 않다는 데 생각이 머물자, 내 인생도 가지치기를 해야겠다는 생각이 들었다.

그렇게 큰맘을 먹고 대대적인 가지치기를 했다. 나에게 가장 중요한 것들을 보전하면서 상대적으로 덜 중요한 것을 쳐냄으로써 가장 중요한 것에 에너지를 집중하는 것이다. 은퇴 뒤 새 삶 위에 '사회적 탯줄' 내 손으로 자르기를 해야 진정한 나만의 삶을 새롭게 살 수 있게 될 것 같았다. 몸이 오랫동안 익숙했던 '사회적 탯줄' 에 의지하고 있는 듯한데 그게 불편해지기 시작했다.

신생아는 탯줄을 끊어야 숨을 쉬고 살 수 있다. 불교에서는 배를 타고 강을 건넜으면 그 배를 버리라고 한다. 물이라는 세상에서 배는 생명을 지켜주는 도구지만, 땅이라는 세상에서는 거추장스러운 짐일 뿐이라는 것이다.

그런데 막상 모두 내려놓기란 힘든 고통이 동반되고 수용하는 데 많은 시간이 필요하다. 내 손으로 탯줄을 자르며 삶의 방식을 바꿀 수 있어야 한다. 태아가 엄마 배 속에서 나오면 남들이 탯줄을 잘라 준다. 그런데 은퇴와 노화라는 새로운 세상에 살아내기 위해서는 나 스스로 그 마음의 탯줄을 자르는 수밖에 없는 것 같다.

그랬을 때 비로소 내가 마주한 새로운 세상이 제대로 보이면서, '참 아름답구나!' 하고 느낄 수 있게 되는 것 같다. 삶을 가지치기하고 마음의 탯줄을 자를 때, '오늘 삶도 성장했구나' 하고 새로운 기운으로 새롭게 살 수 있게 되는 것 같았다.

　가끔은 머리가 아닌 가슴으로 작게 살고 싶어질 때가 있다. 혹시 하는 마음에 이것저것 담아둔 가방을 내려두고 단출하게 나서고 싶은 길이 있다. 기를 쓰며 잡아두었던 시간의 무게를 털어내고 필요한 기억만 하고 살았으면 좋겠다. 어쩌면 각자의 마음 휴가를 가져 보는 것이 필요하다. 먼저 자신의 마음을 돌보는 것은 중요한 의미를 갖는다. 자신부터 마음 휴가를 보내면서 여유를 되찾는 모습을 보여주는 것이다.

　마음이 재충전된 후에야 타인의 마음에 진심으로 관심을 가질 수 있게 된다. '도움이 필요한 사람이 있으면 본인의 구명조끼를 먼저 입은 후 그 사람을 도와주라'는 항공 안전 안내문처럼 마음 휴가로 자신을 재충전한 자신이야말로 타인의 마음을 헤아리고 도울 수 있다.

　품는 바람도 있고 별다른 찬 없이 찬물에 밥을 말아 먹고 싶은 저녁도 있다. 넓게 번지는 해넘이의 노을보다 낮게 내려앉은 어둠 앞에서 더 크게 떠지는 눈이 있다. 구석에 쪼그리고 앉아 있고 싶은 밤도 있다. 내 진심을 증명할 말이나 행동보다 침묵에 기대는 눈빛이 한결 진실할 수 있다. 변명을 늘어놓는 대신 그냥 미안하고 미안하다고 말하고 싶은 날이 있다.

1-13
내 안에 봄 있다

봄이 오는 3월인가 했더니 벌써 4월로 들어섰다. 선명한 색으로 알록달록 봄이 활짝 열린다. 포근한 날씨로 곳곳에서 벚꽃, 진달래, 개나리 등 형형색색의 봄꽃들이 꽃망울을 터트린다. 무심코 지나쳤던 나무와 풀잎들이 새롭게 보이고 평범한 일상에 싱그러움과 생기가 도는 계절이다. 어느 지역을 불문하고 어김없이 찾아온 봄, 겨우내 한껏 움츠렸던 봄의 생명이 얼굴을 내밀며 아름다운 세상을 물들이고 있다.

봄꽃의 생애는 우리 인생과 너무나도 닮았다. 우리가 짧게 피고 지는 봄꽃을 사랑하는 이유는 아름다운 청춘 시절처럼 긍정적인 희망을 품고 있어서다. 사실 봄이 올 때는 봄꽃들과 눈 맞추고 생명을 더 깊이 이해해야 하는 시간이 필요하다. 식어버린 기운이 상승하는 4월의 봄이 점차 절정에 달하는데, 이걸 터득하는 방법에는 봄나들이와 꽃밭 만들기가 최고다.

상쾌한 공기를 마시고 이제 막 싹이 올라온 식물을 쪼그려 앉아

지켜보고 산책을 하다 보면 새 기운이 채워진다. 왜 매년 봄이면 우리는 꽃 나들이를 하고 싶었는지 그 지혜가 놀랍다. 이제라도 잠시 시간을 내어서라도 꽃을 보러 나서 보자. 그 마음만이라도 무기력을 이기기에 충분하다. 올봄은 이런저런 이유 대지 말고 나를 위해서도 봄나들이, 꽃 나들이 꼭 기보자. 봄꽃 개화 시기와 맞물려 전국의 봄 축제가 열릴 예정이다. 축제에 가지 못한다면 벚꽃이 만개한 가까운 공원으로 발걸음을 옮겨보자.

어떤 사람은 봄을 만끽하기 위해 스스로 자신의 꽃 정원을 만든다. 그렇다. 봄을 보는 시선과 마음이 넉넉한 사람일 것이다. 우린 누군가 만든 공원이나 수목원에서 애써 봄의 시선을 바라보고 있는지도 모른다. 여기에 마음의 여유가 있다면 내 안의 꽃 정원을 만들면 좋을듯싶다. 봄의 향기는 땅속에서 먼저 나온다. 흙 속에서 숨을 고르고 밖으로 나오려고 기운을 키우며 세상 밖으로 새싹을 내민다.

이 아파트에 이사 올 때가 2018년 4월 중순이다. 이사하던 날은 정신없이 바쁜 상태라 확인을 할 수 없었다. 이삿짐을 일주일 정도 정리하고 나서야 예쁜 화단을 볼 수 있었다. 누가 만든 것일까? 아파트 자체에서 심었을까? 이런저런 생각을 하며 아파트 전체를 돌아보았다. 그런데 이상했다. 아파트 전체가 아닌, 같은 동 우리 집 출입구와 옆집 출입구 사이 3평 정도 되는 화단에만 여러 종류의 꽃들이 예쁘게 심겨 있었다.

해마다 화단에서 자생한 것이 아닌 일부러 사다가 심은 꽃이다. 갖가지 종류의 꽃을 가지런하게 심은 흔적이 보인다. 한번은 바람

을 쐬러 밖으로 나왔는데 화단에서 지인 어머니가 망치와 작은 손도끼를 손에 쥐고 무언가를 내려찍고 있었다. 가까이 가서 "어머니 뭘 힘들게 하세요"라고 말을 했더니 "죽은 나무뿌리 제거하려고요" 대답하신다. 나는 "어머니 연장 주세요. 제가 할게요"하고는 내 힘으로 뿌리 제거를 했다. 알고 보니 몇 해 전 오래된 단풍나무를 밑동까지 잘랐는데 남아있는 뿌리를 제거하는 중이었다. 그 뿌리를 뽑아내고 꽃 하나라도 심어 보고픈 마음이었을 것이다.

처음엔 그 어머님을 몰랐다. 어느 해인지 몰라도 토요일 날로 기억된다. 내 차량에 두고 온 짐을 가져오려고 내려갔다가 주차장에서 우연히 지인을 만났다. 나는 급한 마음에 차량으로 가고 있는데 내 옆을 지나던 그가 "방 사장 아닌가요? 저 기억하시나요?" 하며 먼저 인사를 했다. 나는 지인이 선글라스를 쓰고 있어서 "누구신가요?" 물으며 그의 얼굴을 봤다. 그는 선글라스를 벗고는 "홍 아무개입니다. 기억나시죠, 아! 안녕하세요. 이게 얼마 만입니까. 여기서 만나다니. 반가워요."라고 누구 먼저 할 것 없이 두 손을 맞잡고 반가움에 가벼운 포옹도 했다.

이 아파트에서 우연히 만나게 될 줄 몰랐다. 첫 만남에서 이런 저런 지나온 이야기를 했고 이곳 아파트에 오는 이유도 알 수 있었다. 그의 이름과 우리가 함께 보냈던 한 시절을 떠올렸다. 한때 학원 차 지입 생활을 함께한 동료다. 기사 협회에서 인연이 되어 학원 지입 일을 함께했다. 각종 등, 하교와 학원 일자리까지 도움을 주는 관계였다. 나이도 비슷해서 더 친하게 보냈는데, 갑자기 경유값이 3배 이상 올라 학원 지입차량을 접고 각자 다른 길을 선택했다.

그런데 이 아파트엔 무슨 일로 왔냐고 물었더니 "저희 어머님이 이 아파트에 살고 있어서 주말이면 온다"고 했다. "그렇구나! 혹시 몇 동 몇 호세요?"라고 묻자 6동 109호에 산다고 했다. 그가 자기 집으로 가려고 나온 경우라서 얼마 후 그의 어머님이 나오셨다. "어머니 인사하세요. 제가 잘 아는 사람인데 같은 동 옆집에 산다고 합니다" 그는 나를 어머니에게 소개한 후 자기 집으로 갔다.

그 이후부터 지인 어머니와 만나면 서로 인사를 하며 지낸다. 봄이 왔다고 오늘도 꽃을 사 들고 화단을 화사하게 만들고 있다. 꽃을 심고 가꾸는 일이 늘 행복하다고 말한다. "이런 일도 안 하면 마음만 늙게 된다고." 애써 웃음 짓는다. 몸은 나이를 먹어도 마음은 나이를 안 먹는다는 말처럼 그저 꽃을 심고 살포시 웃는 모습이 아름답다.

봄은 언제나 마음을 움직인다. 꽃밭 주변에 함께 있던 이웃 어머니들이 한마디 한다. 큰아들이 용돈 준 것으로 꽃만 산다고 아들에게 고자질해야겠다고 한다. 부러워서 하는 말인 줄 안다. 어쩌면 이웃 어머니도 꽃들을 보면서 소녀 같은 마음이었으리라. 예쁜 화단을 보고 있으면 지인 어머니의 마음처럼 화사한 모습을 주는 봄이 참 좋다.

지인 어머니 모습에서 내 안의 봄을 만들고 싶었다. 나도 직장 내에서 새로운 봄을 맞아 화단을 꾸몄다. 건물 1층에 자리 잡은 텅 비어있던 화단에 변화를 주고 분위기를 살려보려고 했다. 깊은 생각을 한 끝에 건물 옥상 화단에 생육하고 있는 잔디와 회양목을 옮겨심기로 했다. 오래전부터 1층 화단에 여러 종류의 나무를 심어봤지만 살지 않아 결국 인조로 만든 그물망으로 씌워져 있었다. 다들 이곳에 나무와 잔디를 심는다고 하니 살 수 있을까 걱정을 했다.

나는 확신이 섰다. 그동안 무엇을 심었는지 알 수 없지만, 적어도 같은 토양에서 자란 것이라면 뿌리를 내리고 살 수 있다는 것이 이유다. 그런 사실을 바탕으로 텅 빈 화단을 꾸미기로 했다. 실행 전에 미리 봐 두었던 회양목과 잔디를 삽으로 떠서 1층 화단에 정성껏 심었다. 마지막으로 철쭉나무도 옮겨 심고 물도 듬뿍 주었다. 어느 정도 뿌리를 내리고 생육을 하면 밑 거름도 줘야 한다. 또한 좁은 화단에 틈새를 두어 여러 가지 꽃도 심고 봄을 만끽하고 싶다. 내가 직접 만든 화단이라 앞으로 많은 관심으로 이놈들을 세심하게 잘 키워야 한다.

4월은 화사한 꽃들로 유혹의 계절이다. 따뜻하고 화창한 봄날이 마냥 즐겁고 화사한 벚꽃 길을 걷는 풍경은 정겹다. 누군가와 함께 알록달록한 산책길을 걸어도 좋다. 걸으며 나만의 봄을 새겨도 좋고 가까운 꽃길에서 풍성한 봄꽃 축제를 만날 수 있는 것도 행운이다. 길가에 한 송이 꽃에도 설레는 계절 4월, 시기라도 하듯 피어나는 많은 꽃이 우리의 시선을 머물게 한다.

내 마음의 화단을 가꾸기를 하다 보면 계절의 변화가 주는 기쁨도 있다. 또한 꽃밭에 몰두하다 보면 숱한 세상 근심·걱정을 내려놓는 데 도움이 된다. 그렇다. 우리가 자기 마음을 잘 다스리지 못하면 존재 자체가 근심 공장으로 변하지 않던가. 사랑이란 꽃과 같아 자꾸만 물을 주고 정성을 쏟아야만 잘 자란다. 마음의 봄은 짧을지 몰라도 봄은 언제나 새롭다. 따뜻한 봄. 꽃향기로 가득한 날에 꽃밭과 화단 만들기로 "자기만의 봄을 만끽하면 어떨까요!"

1-14
작별 인사는 짧게

"슬프잖아, 길어지면" 병마와 사투하는 병실 안에서 침통한 얼굴로 한참을 응시하던 친구가 슬픔을 가누지 못하고 있는 나에게 짧게 말을 했다. 삶의 언덕이 항상 높게만 보였는데 어느새 아래로 향하는 길목에 서 있는 기분이다. 생각이 많아지고 그만큼 걱정이 쌓인다. 그게 바로 내 주변에서 생기는 경조사일 것이다. 낳아주고 키워주신 부모와의 슬픈 이별이 끊임없이 이어지고, 아직 살아계신 지인들의 부모가 있다. 그러나 자식 앞에 먼저 생을 마감하는 마지막 모습일 것이다.

대부분 90을 바라보는 부모님은 나이 앞에 치매와 걷지 못하는 상태로 일반 요양원과 병원에서 일상을 보내고 있다. 생활 자체가 갓 태어난 어린아이 나이로 돌아간 상태로 기억력과 체력이 떨어진 채 그저 눕거나 휠체어에 기대며 산다. 뇌경색으로 재활치료를 받는 친구, 항암치료를 받아 가며 힘겹게 견디며 다음 수술을 기다리는 친구가 있다. 나와 가까운 친구들도 한 치 앞을 알 수 없는 병마와 싸우고 있는 현실이다.

 지인의 어머니 요양원 생활과 친구의 재활을 지켜보며, 삶이란 내 의지대로 살아갈 수 있지만 때로는 뜻하지 않은 현실 앞에 절망과 희망이 교차한다. 어느 시골 한적한 요양원에 계신 친구의 어머님을 만나려고 면회를 하고 다녀온 이야기입니다. 면회하기 위해 미리 신청해 예약 시간을 받아야 한다. 정해진 면회 시간 전에 자가 키트도 해야 하고, 마스크도 써야 했다.

 요양원 면회실 안으로 들어가 5분을 기다려야 어머니를 만날 수 있다. 그렇게 다시 마주한 아들과 어머니의 대화가 진행된다. "엄마 나 누구야? 나 알아볼 수 있어요"라고 큰아들이 묻는다. 아들 얼굴을 한참 바라보더니 "우리 큰아들 연수네"라고 힘겹게 말한다. 옆에서 지켜보고 있던 둘째와 막내아들도 "엄마 그럼 나는 누구야? 내 이름이 뭐야"라고 여러 번 말을 건넸지만, 어머니는 한동안 대답이 없다. 기억을 못 해서 미안해하는 모습이 아니라 그냥 모르는 것이 편하다는 얼굴이다.

 친구와 동생들과 어머니의 대화를 지켜보는 내내 나도 답답했지만 어쩔 도리가 없다. 한참을 그 광경을 봤던 나는 친구 어머니에게 다가가서 "어머니 저는 누구죠?, 저 이름이 뭐라 불어요?"라고 물었다. 나의 얼굴을 뚫어져라 보시더니 "응, 연수 친구 칠용이네"라고 말한다. 어머니 기억이 희미하게 남아있긴 하구나. 나를 기억하고 이름을 불러주니 고맙기도 했다. 어쩌면 친구의 어머니와 마지막 면회가 될지 싶은 아쉬운 시간을 뒤로하고 요양원을 나왔다.

조주 스님은 "집착하는 마음을 내려놓고, 짓눌린 삶의 무게에서 벗어나라"라고 했다. 집착하는 마음을 내려놓으면 누구나 자유인이 된다. 미워하는 마음, 사랑하는 마음, 갖고 싶은 마음, 모두 내려놓고 살아야 한다. 우리는 자신도 모르게 집착에 빠져 힘들게 살아간다. 아마도 우리는 모두 이런저런 집착으로 살아가고 있다.

태어나면 반드시 죽는다. 생과 사는 서로 다른 존재가 아니다. 둘은 항상 상호작용한다. 태어나서 죽지 않으면 지구는 유지할 수 없다. 그 누구도 영원한 삶을 살 수 없다. 서산대사는 "태어나는 것은 구름 한 편 일어남이요, 죽는다는 것은 구름 한 점이 사라지는 것과 같다"라고 했다.

만나면 반드시 헤어진다. 만나고 헤어지는 것이 세상의 이치다. 따라서 영원한 사랑도 없다. 욕심내고, 미워하고, 사랑을 독점하고, 이별을 잊지 못하는 것 모두 집착이다. 집착하면서 자기 마음대로 이뤄지지 않을 때 불행하다고 생각한다. 집착을 모두 내려놓고 자연의 섭리대로 사는 것이 행복이다.

사랑을 이유로 상대를 구속하는 것은 집착이다. 사랑과 이별은 다른 것이 아니고 같은 존재다. 어찌 이별 없는 사랑이 있을 수 있을까? 사랑할 때 이별을 대비한다면, 헤어짐을 쉽게 받아들인다. 단언컨대 영원한 사랑은 없다.

노자는 자연 속에서 인생을 배우라고 했다. 자연을 거슬러 살아가면 큰 재앙이 뒤따른다. 인위적인 삶은 반드시 대가를 치르게 돼 있다. 자연에서 배워 살아가는 것이 삶이 아닌가 하는 생각이다.

욕심내고, 화내고, 어리석음을 깨닫지 못하는 것은 모두 집착에서 오는 것이다. 민들레 씨앗은 바람이 실어다 주는 곳에서 싹을 틔운다. 민들레는 새싹을 틔울 자리를 가리지 않는다. 심지어 척박하기 그지없는 콘크리트 틈 사이에도 꽃을 피운다. 사람처럼 흙수저 금수저를 따지지 않는다. 자연을 배우면 삶이 행복하고 풍성해질 것이다.

1-15
미화 여사님

　우린 한세상을 살아가며 많은 사람을 만나고 헤어진다. 그 많고 많은 인연에서 살갑게 깊어지는 사람이 있는가 하면, 잠시 잠깐 만났다 헤어지는 아쉬운 이별도 있다. 만남이란 언제나 그런 것이다. 평생을 가도록 좋은 인상을 남기는 사람이 있고 늘 마주해도 멀게만 느껴지는 사람이 있다. 이처럼 인간관계는 끝없이 만남과 헤어짐의 연속이고 만남 이후 이별이란 아쉬움으로 깊고 진한 기억을 남긴다.

　나는 2부제로 근무하다 보니 하루건너 회사 동료를 마주한다. 아침 일찍 출근하면 안부 인사를 한다. "어제는 잘 지냈나요?, 오늘은 반갑네요." 그녀는 환한 얼굴로 나에게 던지는 인사말이다. 나도 호응하며 "네. 어제는 잘 보냈고요. 저도 만나서 반갑네요" 맞장구 인사를 주고받는다.

　차 여사와 이곳 회사에서 만남은 2016년 1월, 추운 겨울에 알게 되었다. 내가 회사에 입사하면서 그녀와 함께 동료로 일을 하게 되었다. 모든 것이 낯선 이곳에서 누군가가 나를 살갑게 맞이하는 모습이 정겹게 느껴졌다.

그녀는 나보다 2년 먼저 입사했고, 거의 10년 가까운 회사 생활에 마침표를 찍고 2023년 6월에 정년 퇴임을 했다. 그러니까 그녀와 함께 회사 동료로 일을 하고 지낸 세월도 8년이다. 좋은 관계의 시작은 나와 상관없이 시작되었어도 좀 더 두터운 관계는 나 자신에 달렸기 때문이다.

어떤 환경에 어떤 사람을 만나느냐에 따라 인생이 좌우되듯, 만남도 운명이라 궁합에 못지않은 조화로운 미덕이 서로 맞아떨어질 때 끼리끼리 유유상종하기 마련이다. 그러기에 마음의 그 그릇 속에 무얼 담느냐에 따라 저마다의 관계가 달라지겠지!

그녀는 늘 사람을 대할 때마다 서로의 안부와 인정을 베풀고, 웃음과 기쁨을 주기 때문이다. 그리고 항상 꼭 입에 달고 다니는 말이 있다면 "힘내세요, 걱정하지 마세요, 잘될 거야, 사랑해요"이다. 이 표현은 참으로 대인 관계에 큰 도움이 되고 상대 마음을 훔치는 참된 고수가 되는 모습이 아닐까?

결국, 우리가 살아가는 한세상이 따지고 보니 이래도 한세상! 저래도 한세상! 이다. 그렇게 저마다 살아가는 모습이 거기서 거기다. 그게 뽕나무밭이 바다가 될 수도 있고, 떠난 자가 되돌아올 수 있다는 것이다.

우린 다 이 세상에 똑같이 귀한 몸으로 초대받아 왔다. 제멋에 겨워 사는 날까지 고민하지 말고 당당하게 살아갈 의무가 있다. 사람 사는 게 비록 차이가 있다고 해도 다 거기서 거기다. 돌고 도는 세상이 아니던가? 남은 삶을 위해 힘내고 후회 없는 오늘을 위해 살아야 한다.

회사에서는 젊은 농부처럼 열심히 일하다가, 나이가 들면서 정년퇴직이란 경계에서 벗어날 수 없어 회사 밖으로 밀려나는 냉혹한 곳, 그녀에게 정년퇴직은 '생전 치르는 장례식'과 다름없다고 표현했다.

언젠가는 마주쳐야 하는 게 은퇴다. 시간 차이만 있을 뿐, 누구에게나 직장을 떠나야 하는 때가 온다. 그녀는 정년을 앞두고 감회가 새롭다고 한다. 이젠 돈에 묶인 노동보다 자신의 삶에 집중하며 살자 생각하면서도 싱숭생숭하다고 말한다. 회사 다닐 때는 다람쥐 쳇바퀴 도는 생활에도 잘 견디고 버텨냈다며 자신에게 애썼다고 토닥인다.

다들 그녀를 두고 "그만한 사람 없어"라고 말한다. 좀 더 일해도 되는 사람인데 못내 아쉬워했다. 정 많은 따뜻한 사람, 프로답게 일 잘하는 사람, 가늠할 수 없는 속 깊은 배려심으로 어려운 일을 지혜롭게 잘 극복하는 그녀다. 그런 사람 곁에서 일을 함께 할 수 있다는 것은 어울림의 축복이다.

그만한 사람을 곁에 두고도 알지 못하다가, 있을 때 잘할 걸 후회가 밀려오면 이미 늦은 때이고, 나중에 큰 후회를 하게 된다. 세상에는 되돌릴 수 있는 일이 있고, 없는 일이 있기 때문이다. 곁에 있을 때 알려고 노력하고, 함께 호흡하고 살다 보면 나 자신도 그만한 사람으로 닮아간다.

인생에서의 변화란 서로의 만남에서부터 시작된다. 만남을 통해서 우리는 서로의 의미를 알게 되기에 어려운 일일수록 작은 것에까지 겸손하게 상대를 배려하는 예의가 먼저다. 우리 인생 관계에서 안타까운 것은 기본적인 예의를 배울 사람보다 도외시하는 사람이 많다는 것이다. "제2의 인생길을 찾아가는 여정이 물론 순탄치는 않겠죠. 하지만 재취업으로 새로운 인생을 펼쳐가며 가족들에게도 신뢰받고 자존심까지 쌓을 수 있도록 살아가겠습니다"라고 그녀는 당당하게 말한다.

그녀는 회사 입사 전 아웃소싱(직업소개소)과 각종 공사업체 인부 관리도 했던 경험이 있다고 했다. 많은 경험이 몸에 배어 있기에 어떤 일을 하더라도 그 일에 막힘이 없어 보였다. 어떤 때는 실무자보다 빠른 일머리로 어려운 사무도 척척 해내는 모습도 많이 보았다. 여자가 아닌 남자로 태어났다면 여느 회사 회장급 정상 자리는 차지하고 있을 만한 충분한 자질이 있었다.

그녀는 회사 생활을 하면서 틈틈이 자격증 공부도 했다. 퇴직 전 요양보호사 자격시험을 보고 당당하게 요양보호사 자격증을 취득했다고 한다. 도전 정신과 열정, 그리고 철저한 사전 준비가 되어 있다면 재취업의 길은 열려 있다고 확신한다.

퇴직 전 송별식 자리에서 그녀는 "여기서 함께 일할 수 있어서 행복했고, 좋은 인연을 가슴에 남길 수 있어 고맙습니다. 더 열심히 살아갈게요"라고 함께 참석한 동료에게 마지막 인사를 했다.

함께 참석한 이 과장은 "차 여사님! 걸어온 발자취를 마음에 새기겠습니다. 퇴직 후의 여사님의 앞날에 축복과 행복이 가득하시길 바랍니다."라는 덕담도 잊지 않고 전달했다. 그녀의 상기된 얼굴을 보니 만감이 교차했으리라 생각이 든다.

"반장님 내가 없다고 우울증 걸리면 안 돼요?"라며 웃으며 말한다. 지금은 아니지만, 시간이 지나면 어쩌면 우울증이 올 수도 있겠다 싶었다. 사람의 빈자리는 멀지 않아 나타나기 때문이다. 그만큼 한 사람의 존재가 중요했다는 의미로 보인다. 이런 사람 내게 있어 행복했다는 의미일 것이다.

직장이라는 울타리 속에서 우연이든 필연이든 잠시 일선에서 함께한 동료입니다. 한편으로는 직장 동료였고 다른 면에서는 소통이 가능한 존재였던 그녀. "준비된 자에게 기회가 온다고 하잖아요" 은퇴는 자신의 삶을 탐구하고 즐길 수 있는 풍요로운 시간이 될 수 있다. 미리미리 제2의 인생 계획을 세우고 "다시 시작하는 마음으로 포기하지 말고 끝까지 도전해 멋진 인생을 살아갔으면 좋겠어요" 나는 진심을 담아 그녀에게 마지막 마음을 전했다.

은퇴를 서글퍼하거나 은퇴 이후 위축될 이유가 없다. 그동안 일하느라 아등바등 살았으니, 이제 당당하게 여유 있는 삶을 지향해야 한다. 이제 일만 하며 지낸 시간을 넘어, 자신을 위한 시간을 가져야 한다. 은퇴 후의 삶은 자기 주도적으로 가치 있고 보람 있는 일, 하고 싶은 일을 할 수 있는 기회의 시간이다.

우린 세상에 태어나서 걸어온 길은 다르지만 만나고 헤어지는 만남 속에 스치는 인연도 있고 잊지 못할 인연도 있다. 인연은 좋은 사람을 찾는 것이 아니라 내가 좋은 사람이 되어주는 것이다. 먼저 좋은 사람이 되어주면 그 사람도 좋은 사람이 되어준다. 언제 어느 때 다시 만난다 해도 다시 반기는 인연 되어 서로가 서로를 외면하지 않기를. 인생길 가는 길에 아름다운 일만 기억되고 싶은 사람으로 함께 남아있기를 소망한다.

1-16
욕심 때문에

　좋은 소리를 듣고 싶고 칭찬받고 싶은 욕망 때문에 자꾸 착한 사람인 척하다 보니 생기는 문제라고 한다. 남에게 좋은 모습만 보이려 하는 건 결국 남을 믿지 못하기 때문이다. 내가 솔직한 모습을 보인다고 사람들은 나를 멀리하지 않는다. 이 세상은 내가 원하는 것을 다 이룰 수는 없다고 한다. 그래서 할 수 없는 것은 그 자리에서 "할 수 없다고, 능력이 없다고" 말해야 한다.

　내 마음속에 내가 옳다는 생각이 있기 때문에 그 옳다는 기준을 버려야 스트레스를 받지 않고 살아갈 수 있는 것이다. 남에게 칭찬받는 것도 다행이라 생각하고 더 이상 욕심을 버려야 하는데 사람인지라 칭찬 이상을 바라본다.

　사회 불안을 겪다 보면 '언제나 자신의 불안을 관찰하고 감시해야 한다'는 강박으로 자신의 불안 관리에 모든 주의력을 할당하기도 한다. 그러면 실제 외부에서 벌어지고 있는 일에 대한 정보는 충분히 얻지 못하고, 원해던 것과는 반대로 더 많은 실수와 부진할 수 있다.

인간의 욕심은 상상을 초월한다. 욕심에 대한 정확한 기준이 없다. 그래서 세상 사람들로부터 부러움보다 미움을 받는다. 사람은 저마다 특성과 재능을 지니고 있다. 이러한 특성과 재능을 온전히 나와 세상을 위해 써야 하는데, 그렇지 못하고 자신의 욕망을 위해 쓰려고만 한다.

"선행이란 내가 많이 가진 것을 그저 퍼 주는 게 아니라 내가 잠시 맡아있던 것들을 그에게 되돌려주는 행위일 뿐이다"라고 법정 스님은 말한다. 다시 들어도 좋다. 아니, 더욱 좋다. 오래 묵어 더 깊어진 '그 말씀'이 마음에 와닿는다. 법정 스님 하면 '무소유의 삶'부터 떠오른다. 무소유는 아무것도 갖지 않는 것이 아니라 불필요한 것을 갖지 않는 것이라는 말씀이 지금 들으니 더 큰 울림으로 다가온다.

그걸 깨우려면 자신을 엄격하고 철저하게 응시할 필요가 있다고 한다. 법정 스님은 과거나 미래가 아니라 현재에 충실히 하라고 한다. '산다는 것'은 '지금, 이 순간'을 잘 사는 것이라고 조언한다. "지금 하고 있는 일이 가장 중요한 일"이기에 "그 일에 열의를 가지고 몰두할 수 있어야 한다"는 것이다.

예를 들면, 노래를 잘해야 한다는 욕심 때문에 과도한 불안을 심화시킬 뿐 실질적으로 나에게 큰 도움이 되지 못한다. "내 노래의 음정이 틀려도, 박자를 놓쳤다고 해도, 어떻게 할 건가요? 일어나서 나에게서 떠나갈 건가요?" 음정이 틀렸다고 단번에 야유를 보내거나 공연장을 나갈 친구나 관객은 드물다. 그러나 누군가에는 이런 실수는 상상만으로도 몸이 떨리는 악몽이 될 수 있다.

그렇다, 우린 누군가의 도움으로 살아간다. 음, 가까운 친구들의 도움을 조금씩 받으며 해보는 것도 좋겠다. 이럴 땐 누구나 어느 정도 타인이 두렵고, 자신이 부끄럽기도 하다. 그리고 우리는 부끄러움을 무릅쓰고 서로와 연결되고 싶어 한다. 그런 자신에게, 그리고 타인에게 조금 더 너그러워지면 어떨까? 욕심 때문에 완벽할 필요가 없다.

노래의 음정이 틀려도, 귀를 열어 차분히 다음 소절을 기다려주고 나직이 손뼉을 쳐주는 친구들이 곁에 있으면 좋겠다. 그래야 음치 박치를 벗어날 수 있고 우리를 계속 노래하게 할 테니까.

예전에 내가 자주 갔던 한 식당이 있었다. 그 식당은 우리가 생각하는 일반 식당보다는 이상하리만큼 손님들로 가득했다. 광고를 전혀 하지 않아도 손님이 넘쳤다. 식사하면서 본 경험인데요. 모 방송에서 그 식당을 '맛집'으로 방송 촬영을 하겠다고 하자 그 식당 사장은 한마디로 "안 합니다"라고 거절했다.

내가 봐도 이해가 안 됐다. 방송국에서 직접 찾아와 제의하는데도 안 한다고 한다. 다른 식당은 광고 비용보다 더 좋은 효과를 위해 방송국에 전화해서 와 달라고 아우성치는데…. 방송에 나가지 않아도 되는 비밀이 있었다. 그 비밀은 간단했다.

이 식당에서 한번 왔다 가면 그 음식에 애호가가 된다. 그 손님이 다른 손님을 데리고 온다. 정말 놀라운 광고가 아닌가. 여기에 맛 좋은 입소문까지 나면서 대기표 받은 손님들로 대박의 줄을 선다. 돈 욕심이 아닌 음식 맛으로 승부를 하는 것이다.

사람은 욕심 때문에 모든 시선을 바르게 바라보지 못하고, 헛된 꿈을 꾸면서도 그것이 꿈인 줄을 모르는 것이다. 이런 욕심을 버리는 마음이 우선이다. 그런데 욕심인지 알면서도 이것이 헛된 꿈인지도 모른 채 현실을 착각하며 산다. 자신도 모르게 어느 순간 모든 것을 버리기는 힘든 게 욕심이다.

사람을 위해 돈을 만들었는데 돈에 너무 집착하다 보니 사람이 돈의 노예가 되어가고, 사람이 살려고 집이 있는데 집이 너무 좋고 집안에 비싼 게 너무 많으니 사람이 집을 지키는 개가 됐다. 이 모든 욕심에서 벗어날 수 있는 지혜는 조금 부족한 듯이 힘을 살짝 빼고 살아가는 것이다. 아직 욕심에서 헤매는 현대인이 오늘날 사는 나 자신은 아닐지….

뭐든 잘하려고 노력하는데 안 된다고 힘들어하지 말자. 이 세상에 완벽한 사람은 없으니 말이다. 우리는 아이러니하게도 자신을 구하려는 욕심을 그만둘 때 진정한 자신이 될 수 있고 순수한 소통을 할 수 있으며, 더 좋은 시간을 보낼 수 있다. 뭐든 잘하려는 작은 소망과 지나친 욕망은 엄연히 다르다. 누가 뭐라든 욕심보다는 사랑하며 살 일이고 생명이 남아 있는 한 사랑하며 살 일이다.

2
기억과 일상 _ 여름

2-1
두 개의 꿈

옛날 옛적에 지방에 살던 선비가 과거시험을 보기 위해 서울로 길을 떠났는데, 서울에 거의 도착했을 무렵 해가 지고 날이 컴컴해졌다. 선비는 근처 마을 주막에 가서 하룻밤 묵었다. 그런데 그날 밤에 생생한 꿈을 꿨다. 선비가 떡하니 앉아 밥을 먹으려는데 갑자기 밥상이 확 엎어지는 꿈이었다.

자기 꿈에 놀라 잠에서 벌떡 깬 선비는 울음을 터뜨리고 말았다. "아이고. 밥상 엎어진 꿈을 꿨으니 이번 시험 결과도 다 엎어졌구나." 의욕이 사라진 선비는 집으로 그냥 돌아갈까 고민에 빠졌다. 그때 멀리서 은은하게 목탁 소리가 들려왔고 답답한 마음에 목탁 소리를 따라 절을 찾아갔다. 선비는 냅다 노스님에게 자신의 답답함을 호소했다. 노스님은 선비의 꿈 이야기를 다 듣고 나서 너털웃음을 터뜨렸다.

"젊은 선비양반, 그 꿈은 아주 좋은 꿈이오." 선비는 깜짝 놀라 말했다. "스님. 밥상이 엎어졌는데 좋은 꿈입니까?" 노스님은 웃으면서 말했다. "선비양반, 생각해 보시오. 밥을 먹으려는데 밥상이 엎어졌으니 어떻게 해야 합니까? 상을 다시 차려야지요. 그러니 시험 보기 전에 밥상이 엎어졌으니 이제는 시험에 합격해서 새 밥상을 차려 먹는다는 뜻이오. 이게 좋은 꿈이 아니고 무엇이겠소" 그때야 선비가 환하게 웃으며 뛸 듯이 기뻐했다. "스님. 그런 깊은 뜻이 있었네요. 감사합니다. 정말 감사합니다." 선비는 즐거운 마음으로 절에서 나간 뒤 며칠 후 노스님을 찾아와 과거시험에 합격했다고 감사의 인사를 올리며 스님의 해몽이 정말 용하다고 입에 침이 마르도록 감사의 인사를 올렸다고 한다.

첫 번째 꿈

"이게 무슨 꿈이야."

밤새 자기 꿈에 놀라 잠에서 깬 상태에서 꿈에 대해 생각한다. 밤마다 똑같은 꿈을 지속해서 꿀 수 있는 걸까? 나의 몸속에 무엇이 있기에 나를 흔들고 있는지 알 수가 없다. 이 꿈은 내가 군 복무를 마치고 사회생활을 하면서 시작된 일이다. 잊을 만하면 또 꿈을 꾼다. 군에서 전역한 지 10년이 지났지만, 아직도 꿈에서는 군복을 입고 있다. 대한민국 남성들의 무의식에는 여전히 지켜야 할 무엇이 있어서가 아닐까 싶다.

처음엔 아직 내가 제대를 앞두고 있다고 생각했다. 하지만 꿈에서 깨어나면 현실은 군대가 아닌 직장을 다니고 있었다. 반복되는 꿈이 밤마다 나를 힘들게 했다.

첫 번째 꿈은 80년대로 거슬러 간다. 한참 청춘이었던 때, 대학 3학년 학기를 마치고 휴학을 하고 그해 4월 말에 논산으로 입대한다. 장발 머리를 짧게 자르고 논산 훈련소로 가는 기차에 올라탔다. 청주 기차역 모퉁이 낯선 이발소에서 머리를 이부 정도 밀고 있는데 잘려나간 머리카락과 짧게 다듬어진 내 얼굴을 보고 한줄기 눈물이 흘러내렸다.

손으로 눈물을 훔치는 것도 사치였을까. 청춘을 대변했던 풍성했던 머릿결도 한순간에 바닥으로 추락했다. 이 시간이 지나면 지난 내 얼굴 모습이 영영 돌아오지 않으리라는 아쉬움이 컸다. 논산 훈련소에서 한 달 기본 훈련을 받았고, 610 운전병 주특기를 받아 운전 보충 교육을 받기 위해 대구 수성구에 있는 곳으로 갔다.

사회에서 운전면허를 취득하지 못한 나로서는 처음 군용 2.5t 차량을 운전한다는 자체가 정말 낯설고 힘든 운전 교육을 받게 된다. 그 힘든 운전 교육을 이수하고 군 면허 운전 면허증을 받고 마지막 관문인 부대 배정을 받았는데, 충남 당진에 있는 수송부대로 서해안 바다가 보이는 곳이다.

첫 부대로 배정받고 상병까지 군 생활하다가 영문도 모른 채 차출되어 다시 대구에 있는 반공 포병학교에서 3개월 새로운 교육을 받게 된다. 그 당시 국가적 행사인 86, 88올림픽 행사로 수도권 방어를 위한 창설 부대 요원 교육이었다. 3개월의 신무기 교육을 마치고 기존 당진이 아닌 수도권 인천에 새로운 창설 부대로 남은 군 생활을 하게 된다.

짧아도 3년, 길어도 3년 군 생활. 한 번 옮기게 되면서 정착하지 못하고 이곳저곳 또 다른 부대로 더부살이 형태로 생활하다 보니 적잖게 내무반 생활에도 애로 사항이 많았다. 서로 부대가 다르고 낯선 전우들 간 서로 지지 않으려고 상처를 주고받아야 했다. 남의 집에서 살기가 너무 힘들고 서러움을 겪어야 했던 군 생활, 나를 지켜야 했고, 나의 후임을 지켜야 했던 내 위치, 한 번 밀리면 안 되는 싸움터였다.

그렇게 힘든 군 복무를 마치고 영광의 전역을 했다. 군 복무 이력을 기록한 병역 수첩을 보니 빈칸이 없이 꽉 차 있고, 기록할 공간이 없었는지 끝부분에 다섯 칸을 기록하여 임시로 만들어 덧붙여 있었다. 그래서 그럴까, 군 복무를 마치고 전역한 후 수년간 꿈속에서 전역을 못 하는 나를 힘들게 했으리라 생각이 든다.

끊이지 않는 꿈속에서 전역을 위한 방법을 찾는 모습이 보였다. 전역을 받아주지 않는 상사를 찾아가 사정도 하고, 객관적인 사실과 증거를 제시하지만 절대 안 된다고 무시한다. 여기에서 안 되자 국방부 장관에게 서면으로 정당한 사유와 전역 이유를 적어 보냈는데, 결국 어떠한 답변도 없고, 거부당하고 알려주지 않았다. 여러 가지 방안을 찾아 나가는 내 모습이 내가 봐도 안쓰럽고 힘든 몸부림으로 보였다.

어쨌든 꿈보다 해몽으로 풀이해보면, 이제는 나라에서 국방의 의무를 해 달라고 입영 통지도 없을 테니 꿈이 아닌 사회생활 전선에서 더 열심히 살라고 던지는 복덩이 같은 선물로 받아들이라는 의미가 아닐까. 전에는 이런 생각을 못 했는데 지금의 생각이 맞았다는 결론이다.

두 번째 꿈

"이건 또 무슨 꿈이야."

꿈에서 부동산 공인중개사 시험을 보기 위해 어느 학교 교실에서 시험지를 받아들고 책상에 앉아 시험을 보고 있는 내가 보인다. 머리를 총동원하여 시험지를 읽고 나서 "아, 이번 시험은 힘들겠는데…."라고 깊은 한숨을 내고 만다. 몹시 실망스러운 표정이 역력하다.

"이번 시험을 망치면 어떡하나, 또 1년을 더 공부해야 하나, 아니면 아예 그만 포기해야 하나?" 하는 모습으로 굳어진 채 고개를 떨구고 있다. 끝내 시험을 포기하고 시험장 교실을 나가는 나를 보고 꿈에서 깨어났다.

공인중개사 시험은 매년 1회 실시하는 자격증 시험이다. 그래서 해마다 시험 때는 수험생들은 긴장감이 심하게 몰려온다. 오죽했으면 나도 시험 당일, 시험 전 2시간 전에 청심환을 먹고 시험장으로 갔다. 너무 긴장하다 보면 갑자기 머리가 띵하게 아파져 오고 하얀 백지상태로 된다. 거기에 손발이 떨려서 몸이 자유롭지 못한 경우에 이른다. 알고 있는 문제도 오류를 범하는 중대한 실수도 있기 때문이다.

오전 2과목을 마치고 나면 온몸이 기진맥진 상태가 된다. 한 과목당 40문제에 50분 시간이 주어진다. 40문제를 풀고 10 정도 정답 표시까지 해야 한다. 매의 눈으로 빠르게 정답을 찾고 다음 문제를 풀고 가야 모든 문제를 시간 내 마무리 할 수 있다. 이런 시험관리를 위해 본인이 시험 전 모의고사를 통해 시험관리 연습을 한다.

 시험은 주어진 시간 내에 문제와 답을 찾아가는 힘든 시간이기에, 옆 사람 볼 겨를이 없다. 오직 내가 해결해야 하는 시간만이 있을 뿐이다. 그래서 시험을 보는 교실은 시험지 넘기는 소리만 들릴 뿐, 숨소리조차 없는 수험생 심장 소리만 울릴 뿐이다.

 수험생은 공인중개사 시험 준비하는데, 1년 농사를 할지 아니면 2년 농사를 할지 구분해야 한다. 어떤 방법을 선택하든 한 번의 시험으로 합격과 불합격으로 남는다. 대부분 끝까지 가지 못하고 중도에 포기하는 경우가 많다. 그만큼 자격증에 시간을 부여하기에 녹록하지 못하기 때문이다. 그래도 중도에 포기하지 않고 끝까지 노력하여 나중에 웃는 자가 되는 것이 어떨까 생각을 해본다.

 매년 10월 말이면 공인중개사 시험을 치른다. 가끔 알고 지내는 지인이 나에게 묻는다. "저도 공인중개사 시험 준비하고 있는데, 많이 힘들어요, 저번 시험에도 떨어져서 다시 도전했는데, 이번 시험도 걱정됩니다."라고 힘없이 말했다. 지인도 2년 가깝게 공부를 하다 보니 지친 모습이다. 공인중개사 자격증 시험이 있는 한 지인은 시험 준비에 인생의 모든 시간을 보내고 있을 거다. 자격증 취득을 향한 시간과 노력은 재미의 세계로 들어가는 입장권이다. 결과는 노력한 만큼 얻는 것이다. 좋은 결과를 기다려 본다.

 우리 주위를 보면 많은 사람이 스스로 만든 착각과 환상에 스스로 묶이고 집착하는 경우가 있다. 또 별일도 아닌 일에 어떠한 징조

나 조짐이라고 집착하며 두려워하기도 한다. 이때 조금만 냉정하고 객관적인 시야를 가지고 자신의 마음을 살펴보면, 내가 느끼는 그 모든 상황이 대부분 내가 만들어낸 집착의 그림자임을 알게 된다.

우리는 항상 깨어 있어야 한다. 꿈보다 해몽이란 유명한 말이 있지 않은가. 어떤 해석이든 생각하기 나름이다. 밤마다 나를 괴롭힌 공인중개사 시험은 자격증 취득 이전에 힘들었던 내 심정을 드러낸 자화상일 수 있다. 꿈이 아닌 현실은 더 당당하게 중개 실무에 임하고 있다. 어쩌면 힘들게 취득한 자격증을 더 소중하게 여기며 그 일에 최선을 다하라는 뜻도 있다.

꿈이란 것이 본래 마음이 만든 것이란다. 좋은 꿈도 나쁜 꿈도 마음이 만들었는데 자기 마음이 만든 꿈에 자기가 속고 있구나. 좋은 꿈이든 나쁜 꿈이든 내 마음이 편안해졌으면 그걸로 되지 않았느냐는 것이다. 이것이 어리석음이다. 어쩌면 우리는 지금까지 스스로 만든 조작된 믿음으로 진짜 좋은 기회를 수없이 놓치고 어리석은 선택을 반복했을지도 모른다. 세상을 살면서 우리는 꿈자리에 굴림을 당하지 말고 꿈을 굴리는 존재가 돼야 한다. 마음에 집착하지 말고 마음을 굴리는 존재가 돼야 한다.

2-2
결혼합니다

여기저기 결혼 소식이 들려오는 봄 시즌을 맞이하면서 아직 결혼 안 한 자녀를 둔 부모들의 고민이 늘고 있다. "벌써 봄인데 이러다 올해도 그냥 넘기는 것은 아닌지 걱정이네요", "주변에 결혼하는 집 보면 부럽기도 하고…." 자녀 결혼에 대한 부모들의 걱정이 날로 커져 가지만 부모들로서는 뾰족한 방법이 없는 것이 사실이다.

하지만 부모들의 고민보다 자녀들은 결혼에 관해 관심이 높지 않다. '결혼은 해도 후회, 안 해도 후회'라는 말은 이미 결혼한 사람들의 넋두리인지 모른다. 그런데도 어려운 상황에서도 이성에 끌리고 그로부터 가족이 구성된 이후에는 인생 역경을 헤쳐 나가며 힘이 되는 것이 공통점이다.

가까운 친구 자녀의 결혼 소식이 많다. 코로나로 미뤄선 점도 한몫을 했다고 본다. 우리 나이에 자란 자녀들이 이젠 결혼 적정 나이가 된 것이다. 그렇다 보니 자녀 결혼이 늦어지는 이유를 잘 알고 있지만, 상황을 바꾸는 조건들이 사방에서 동시에 밀려올 땐 결혼 변곡점 위에 서 있다는 걸 너무나 아는 채로 그 시기를 지나기도 한다.

미혼 자녀를 둔 부모들의 고민은 이제 어제, 오늘 얘기가 아니다. '결혼을 해도 그만 안 해도 그만'이라는 말은 나이에 쫓겨 결혼하지 않고 원하는 조건의 결혼 상대를 만나 신중하게 결혼하겠다는 것을 의미한다. 미혼남녀를 둔 부모들은 "남들은 어떻게 만나서 그렇게 결혼을 잘하는지…." 부러워하면서도 "우리 자식 짝 찾아주기 어렵네요" 걱정을 한다.

미혼 남녀 대부분은 결혼하고자 하는 의지가 있으나 기회 부족, 경제적 이유 등으로 결혼이 지연되고 있는 것으로 볼 수 있겠다. '구슬이 서 말이라도 꿰어야 보배'라는 말처럼 어울리는 짝을 맺어주는 과정에서 주변 지인의 소개에 의존하지만, 인맥의 한계로 좋은 성과를 거두기 힘든 시대다. 그만큼 자연스러운 만남을 통해 결혼하는 것이 어렵다는 이유다.

마음 급한 것은 결혼 적령기 자녀를 둔 부모들, "올해도 벌써 다 가는데 결혼 얘기는 꺼내지도 못하게 하고, 남들은 잘도 결혼시키는데, 어떻게 해야 할지 난감하네요", "잘 키웠는데 결혼으로 속을 썩일 줄은 몰랐네요. 결혼을 안 하는 것인지 하지 못하는 것인지" 등 푸념을 하는 부모가 많다. "마음만 먹으면 좋은 사람 만날 줄 알았는데…. 나이가 들수록 좋은 사람 만나기 힘들더라고요" 미혼남녀들의 고민이자 부모들의 한숨이다.

"행복한 연애를 못 하는 건 어울리는 상대를 만나지 못해서"가 아니다. 관계는 둘이 만들어 가는 것이다. 결혼이 맺어지기 위해서는 서로가 믿을 수 있어야 한다. 여기에 서로 눈높이를 낮출 마음이 있어야 막힌 인연을 축복의 결혼으로 연결할 수 있다. '내 딸, 내 아들'이기에 조건을 양보할 수 없었던 마음에서 눈높이를 낮춤으로써 좋은 결혼 상대와의 만남이 성사될 수 있다. '좋은 사람 만나 드디어 결혼해요'라는 부모와 자녀 모두 만족하는 결과이다. 듣기 좋고 보기 좋은 축복할 말이다.

"연애는 필수 결혼은 선택"이란 말이 있다. 아직도 연애와 결혼을 하지 못한 경우라면 조건으로 상대를 선택할 수 있다. 하지만 조건만으로 성사를 끌어낼 수 없다. 다른 방법이 없다면 기울지 않도록 남녀 조건을 맞추어야 한다. 여기에 남녀의 감정도 고려해야 원만한 관계를 유지하게 된다. 사람은 감정을 갖고 살기 때문에 조건이 좋아도 감정에 따라 마음이 변할 수 있다는 것이다.

조건이 많을수록 지키려는 노력도 더 필요하지만, 조건에 변화가 있다면 모든 조건의 의미는 잃게 된다. 함께 살면서 '사랑도 마음도' 쉽게 변화는 시대에 살고 있다. 조건을 유지할 수 없어 큰 짐이 된다면 서로 미워하게 되고 잘못된 선택이었다고 후회할 수 있다. 우리 세대는 '미워도 다시 한번'이란 말로 사랑 아닌 용서가 있어 살았지만, 지금의 세대는 '성격 차이'로 쉽게 남이 되는 안타까운 시대다.

어렵게 만나 결혼을 했지만 조그마한 성격 차이로 서로 등을 돌리는 경우다. 만날 때는 그 사람의 성격까지는 깊게 알 수 없다. 타고난 성격은 한 번에 고칠 수 없다. 안 좋은 성격은 상대방에게 힘들게 한다. 쉽게 받아들일 수 없는 힘든 일이다. 결혼하고 살다 보면 서로 다른 성격을 만날 수 있기 때문이다. 어쩌면 성격을 먼저 알고 만남을 시작했다면 더 좋았을 거다.

하지만 누구나 만남을 유지하면서 자신의 성격을 드러내는 사람은 드물다. 서로 성격을 감추면서 만남을 이어가야 순조롭게 열애하게 된다. 그렇다고 서로 좋은 성격의 소유자를 만나서 살 수는 없다. 감정의 높이가 있고, 성격 차이가 있다고 해서 결혼 이후의 삶에 큰 장애가 되어서는 안 된다. 서로 다른 감정과 성격 차이를 받아들이고 함께 고쳐가는 과정이 필요하다. '내 딸, 내 아들'이기에 배우자 선택과 동시에 자녀 결혼을 성사하는 노력이야말로 함께 살아가는 지혜이다.

2-3
계절을 알리는 매미

7월 중순, 이른 아침부터 따가운 햇볕이 아스팔트 위에 내려온다. 초복이 지나자 한층 더위가 지속해서 진행된다는 느낌이다. 매미가 울기 시작하면 장마가 끝나고 본격적인 더위가 찾아온다고 한다. 따가운 햇빛을 오가는 사람 중 간혹 양산을 펴고 얼굴을 가리고 걸어간다. 인도 위에 자리를 잡은 나무는 더운 열기를 홀로 받아들이고 아래로 시원한 그늘을 만들어 준다.

예로부터 여름 곤충을 대표해 왔는데, 흔히 볼 수 있는 참매미, 쓰름매미, 애매미, 유지매미, 말매미 등 보통의 매미들은 여름이 시작되어야 울기 시작해 여름 내내 울다 사라진다. 대부분 나무에 붙어서 살지만, 풀밭에서 사는 특이한 매미도 있다.

매미과에 속하는 곤충의 총칭이며 대표적인 여름 곤충이다. 몸길이는 12~80mm이다. 수컷이 특수한 발음기를 가지고 있어서 높은 소리를 내는 것으로 잘 알려져 있다. 매미는 나무가 심어진 땅속으로 들어가서 땅굴을 파고 그 안에서 최소 1년에서 최대 17년까지 유충 기간을 보내다가 유충 기간이 끝날 무렵 그해 여름에 바깥으로 나와 성충이 된다.

어젯밤 제법 많은 비가 내리고 오늘 아침은 화창하게 밝았는데 정말 많은 매미가 울어 댔다. 출근하고 건물 주변을 청소하다 매미 소리에 깜짝 놀랐다. 울어도 너무 운다. 오늘 아침은 매미들의 합창으로 아침이 밝았다. 내가 근무하는 건물 앞엔 30년 넘는 느티나무와 고목이 된 듯한 프라다나스 나무가 도로를 경계로 나란히 서 있다. "맴맴 맴맴 맴맴 맴~" 한 마리 매미가 울기 시작하더니 질세라 다른 매미들도 떼창을 한다. 쉼 없이 울어댄다. 여름의 존재를 알리는 것이다.

가장 흔한 참매미는 나무에 붙어 엉덩이를 들썩이며 신나게 울고는 바로 다른 나무로 날아가 버린다. 조용했던 거리가 매미 소리로 가득하다. 어떤 이는 매미 소리가 정겹다고 할 것이고, 도시에서 자란 사람들은 지겨운 소음이라고 할 것 같다. 나는 시골에서 살았던 추억이 있어서 그런지 향수에 젖은 그야말로 추억 소리로 들린다.

한참 추억을 되새기고 있는데, 초등학생으로 보이는 남자애가 매미채를 들고 매미를 잡으려고 서성이고 있다. 꼭 매미를 잡을 자세다. 발소리 죽여가며 매미가 울고 있는 나무 쪽으로 움직인다. 아마도 방학 숙제 중 곤충채집 과제가 있어서 그럴까? 아니면 호기심에 매미를 잡아보고 싶어서일까? 어느 쪽이든 매미채가 보여서 어린 시절 추억을 소환해서 괜히 좋았다.

초등학교 시절, 운동장 둘레로 커다란 프라다나스 나무가 자리를 잡고 있어 가을 운동회 하는 날에는 나무 아래에 옹기종기 모여 앉아서 "청군 이겨라!, 백군 이겨라!" 목청 높이 외쳤다. 여름이 뜨거워서 매미가 우는 것이 아니라 매미가 울어서 여름이 뜨거운 것처럼 느껴진다.

매미는 비가 오거나 바람이 불면 울지 않는다. 아침이 밝아올 때나 비가 그치고 햇볕이 들었을 때, 또 맑은 날 오후 서너 시부터 해지기 전까지 가장 많이 울어댄다. 수컷 매미의 울음소리는 짧고 굵다. 뜨겁게 사랑하기 위한 구애의 신호인데 매미 울음소리는 그 야말로 정겨운 그 자체 연주곡이다.

매미는 7일에서 20일 정도가 수명이다. 하지만 매미가 되기 이전의 세월까지 합친다면 대략 7년쯤 된다고 한다. 적어도 7년 세월을 보내고 7일에서 20일 정도 살다가 가지만, 짧게 살다 가는 매미는 아침부터 밤늦게까지 지치도록 울며 자신의 생을 산다. 짧지만 쉼 없이 제 일을 하다가 여름과 함께 사라진다.

모든 것이 때가 있기 마련이다. 우리 삶이 그렇듯이 주어진 일에 자신과 싸우고 극복하며 살아간다. 하루일지라도 매미처럼 열정적으로 살아왔는지 나에게 질문을 해 본다. 나름 열정인 때가 있었으니 지금 내가 있지 않는가 하는 생각이 든다.

이번 여름이 지나가면 매미의 소리도 그리워질 수 있겠다. 또 보내고 다시 올여름을 기다려 본다. 짧은 여름에 왔다가 우렁차게 울어대고 살다 간 매미와 프라다나스 나무의 이야기는 한 여름 추억 속으로 남을 것이다. 계절을 알리는 것에는 봄이면 꽃들이 피고, 여름이면 매미가 울고, 가을이면 단풍이 들고, 겨울엔 눈이 내린다. 계절마다 새로운 모습을 기다리며 또 다른 생각으로 추억을 남기려고 한다.

24
무너지는 교육

    2023년 2월 7일 화요일 아침에 친구로부터 축하 메시지 문자를 받았다. 메시지 내용은 "예진이가 임용고시 합격"했다며 친목 모임 방에 올린 것이다. 나뿐만 아니라 모임 친구들은 예진이 임용고시 합격을 가족 경사라며 축하 댓글이 올라왔다. 3월에 선생으로 발령 난다고 했다. 친구는 다음 모임 때 멋지게 한턱낸다고 올렸다.
    대학을 졸업하고 임용고시까지 그 과정에 마음고생도 많이 있었을 것이다. 친구는 딸이 서울 근교에 발령이 나서 예진이가 살집을 알아보고 있다고 했다. 이제 교직을 시작하는 친구의 딸이 있다. 이런 기쁨도 잠시 서이초 스물넷 부임 2년 차 젊은 여교사가 극단적 선택으로 세상을 떠났다. 생때같은 자식을 잃은 부모 마음은 어떨까. 교사의 죽음은 충격이다. 가슴이 철렁 내려앉는다. 마음이 아프도록 안쓰럽다.

    옛날 스승의 권위는 대단했다. '스승의 은혜는 하늘 같다' 라는 노래 구절이 그냥 나온 게 아니다. 그렇다고 '나는 가르친다. 넌 듣기만 하라'는 식의 강압적 모습을 떠올려선 안 된다. 스승의 자격도 엄격했다.

"스승이 알맞은 사람이 아니면 선비의 기풍이 날로 쇠퇴해진다"는 이유에서다. 학생도 마찬가지다. 규칙을 지키지 않고 부모와 스승을 업신여긴다면 학당에서 쫓겨난다. 자격이 없으면 가르치지도, 배우지도 말라는 경고다.

어쩌다 우리 사회가 이 지경이 됐는지 하는 안타까운 마음속에 불현듯 떠오르는 70년대 그 시절 학교 풍경이 생각난다. 그 모습이 오늘 우리가 안고 있는 문제 해결의 출발점일지도 모른다. 3월에 새 학년이 시작되었다. 새로 만나는 담임 선생님과 급우들은 모두 새로운 시작에 마음이 설레었다.

학기 초 담임 선생님은 반 학생 전원의 가정을 차례로 방문을 했고, 학생들의 가정환경을 파악하여 생활 지도 등 교육에 참고하기 위한 가정방문이었다. 지금 같으면 사생활 보호 등 문제로 환영받지 못했을 것이지만, 그때는 당연한 것으로 받아들여졌다. 가정방문에서 얻은 정보는 알게 모르게 선생님의 학급 운영에 반영되었다.

선생님은 소풍날에 부잣집 아이들이 선생님 몫으로 으레 가져오는 도시락과 과일, 과자를 모두 가난한 아이들 몫으로 나누어 주셨다. 그때는 학교와 가정, 선생님과 학부모, 학생 사이에 상호 존중과 신뢰가 있었다. 학생 인권, 교권이라는 말도 없었다. 거칠게

항의하고 고소하는 그런 일도 없었다. 학교 안에서 일어난 일은 학교 안에서 해결되고 처리되었을 그 시절 학교생활 모습이다. 생각해보면 지금보다 훨씬 따뜻하고 좋은 시절이었던 것 같다.

이젠 학교 폭력에 더 나아가 교사에게 협박과 폭력, 교사를 상대로 소송까지 불사하고 있나니 학교가 아니라 법정 같은 참담한 현실이다. 그러니 교사는 점점 입지가 좁아지고 의욕까지 무너지는 안타까운 심정일 거다.

무분별한 부모의 욕심과 자녀의 이기심으로 나타난 교육 현실의 악순환이다. 피해의 몫은 교육을 책임지고 있는 교사에게만 있다는 것에 그저 한숨만 나온다. 언제까지 이 현실을 안타깝게 보고만 있어야 하는 점이다.

이 모든 문제의 시작은 지나친 학생 인권만 강조한 조례 때문에, 교실 현장 붕괴와 교사의 극단적 죽음으로 이어진다고 한다. 지속적인 노력에도 한 해 3,000건이 넘는 교육활동 침해 행위가 학교에서 일어나는데 침해 유형이 다변화하고 그 정도도 갈수록 심각해지고 있다고 한다.

특히 학생인권조례가 지나치게 권리만 강조하면서 학생 지도가 힘들어졌고 교권 침해가 심각해졌다고 한다. 학생인권조례의 차별 금지 조항 때문에 정당한 칭찬과 격려가 다른 학생에 대한 차별로 인식되고, 사생활 자유를 지나치게 주장하니 적극적 생활 지도가 어려워지고 학생에 의한 교사 폭행이 발생한다는 것이다.

오죽하면 20대 교사는 "지난해보다 10배는 힘들다"고, 6년 차 교사는 "학부모 폭언, 날 인간 이하 취급"을, "나 ○○ 아빠인데 변호사야!"라고 교사에게 협박하고 갑질까지 했다는 것이다. 하루 200통 문자 폭탄에 시달렸던 교사는 "우린 악성 민원 총알받이다, 학교가 지옥 같아요. 교단에 다시 서는 생각만 해도 숨이 안 쉬어지고 온몸이 덜덜 떨린다"고 했다.

어떤 교사는 커뮤니티에 "교사도 맞기 싫어요"라는 글을 올렸다고 한다. 사회 전반에서 인권 의식이 높아지며 학생은 물론 군대에서도 폭력이 줄어드는데, 왜 교사는 계속 맞아야 하느냐는 울분이었다. 교권 대책 없이는 교육의 미래도 없는 상황이다. 교권 추락 문제는 교육적 차원에서도 심각한 사안이다. 이젠 학생들도 교사가 민원에 취약하다는 사실을 이용해서는 안 된다.

어쩌다 우리 교육 현실이 물구나무섰는가? 상상만 해도 교육정책이 교육 현장을 따라가지 못하는 현실이 안쓰럽다. 모든 정책이 한쪽으로 치우치면 다른 한쪽은 피해가 불가피하다. 하지만 이런 불행의 발단은 핵가족으로 인한 가정교육 문제에 있다. 사회 변화에 따른 학생 인권이지만, 권리만 강조할 뿐 합당한 의무가 없는 맹탕 수준의 조례였다니 뻔한 죽음을 예고한 것이나 다름없다.

여기에 더 한심한 것은 학생들의 잘못된 행동에 부모가 개입한다는 것이다. 집에서도 자녀 행동을 감당하지 못하면서 학교 내에서 벌어진 잘못된 문제에 이러쿵저러쿵 선생에게 문제를 전가하다 보니 학교 내의 책무는 증가하고 자신의 반 학생에게 욕설을 듣고 폭행을 당하는 등 이중고를 겪고 있다고 한다.

　욕설을 듣고 폭행을 당하면서도 대응하면 학생이나 학부모가 아동학대로 신고하는 경우가 많아 계속 참을 수밖에 없다고 한다. 선생님들이 아동학내 신고로 괴로워하다 정신과 치료를 받거나, 스스로 세상을 등지는 일이 빈번하게 벌어지고 있다.

　하지만 교사가 학생의 문제 행동을 지도할 수 있는 방법은 극히 제한적이고 학생을 따끔하게 훈계하거나 학생 간 싸움을 말리는 과정에서 학생 인권침해나 아동학대로 몰리는 경우도 적지 않다고 한다. 그러다 보니 교사들의 사기와 만족도는 역대 최저 수준까지 떨어졌다.

　무분별한 아동학대 신고에서 교사들을 보호할 수 있도록 정당한 교육활동이나 생활 지도에는 민형사상 면책권을 부여해야 한다는 것이다. 선진국에선 학생 인권도 충분히 존중하지만, 교사의 생활 지도 권한 보장과 교칙을 어긴 학생에 대한 처벌도 함께 강조하고 있다. 하지만 많은 이들은 그걸 '교권 회복'이라고 한다. 그러면 교권 침해의 원인을 찾아야 한다. 사례와 통계가 그걸 '학부모 월권'이라고 전한다. 그러면 대책은 거기에 맞춰야 한다. 학부모 횡포, 폭력을 막아줘야 한다. 그것이 보호 장치다.

　학부모 무고에 법적 지원을 해줘야 한다. 그런데 그런 논의는 없다는 게 학교 분위기다. 오직 하나만 있다. 학생인권조례 존폐 싸움만 있을 뿐이다.

    학생 인권과 교권은 어느 한쪽도 포기할 수 없는 소중한 가치다. 교권이 무너지면 그 피해는 다수의 선량한 학생에게 돌아간다. 이번 사건을 계기로 '학부모'가 변해야 교실이 산다. 정부와 정치권은 교권 회복을 위한 종합 대책을 조속히 마련해야 한다.

    세상을 떠난 교사도 한 가족의 귀한 자식임에 틀림이 없다. 귀한 교사의 죽음 앞에 우리가 할 일은 자명하다. 교권이 바로 서야 한다. 교권이 살아야 배움의 전당이 바로 서기 때문이다. 교권을 존중해야 학생도 존중받게 될 것이다.

    새내기 교사의 죽음은 공교육 붕괴에 대한 마지막 경고다. 처절하게 반성하고 철저한 대안을 마련하지 않는다면 공교육의 둑은 무너질 수밖에 없다. 초등학교 새내기 교사는 공교육의 붕괴를 막을 마지막 골든타임이라는 것을 죽음으로 웅변하고 있다.

    스물넷 선생님의 절망, 소식을 접하며 고인의 명복을 빈다.

2-5
누구에게나 그런 순간이 온다

깊은 밤 나 혼자 흐느끼며 한참 동안 울었다. 어떤 무엇이 묵직하게 짓눌렀는지 정확하게 알 수 없었던 나이였다. 현관, 복도, 계단에서 그렇게 가다 서다 놀이터까지 갔다. 거기 모랫바닥에 털썩 주저앉자 머리 처박고 엄니, 엄니…. 적어도 새벽 아침이 오기 전까지 꽤 긴 시간을 놀이터에 혼자 있었다. 놀이터 옆을 지나는 차량의 경적 소리에 놀라 고개를 들었다. 얼굴엔 눈물과 콧물로 범벅이 되었다.

정말 별수 없을 때는 수를 내지 않는 것이 한 방법이 되기도 했다. 이 방법은 그동안 내가 살아오면서 터득한 것이지만 그렇다고 해서 나만 알고 있는 사실은 아닐 것이다. 단단한 벽 앞에서 고개만 젖혀야 했다면, 걸을수록 좁아지는 길을 걸어왔다면, 상황이 점점 어두워지는 놀이터 같은 곳에 혼자 주저앉아야 했다면 누구나 이런 생각을 할 수 있을 것이다.

그리고 이 순간 절로 치밀어오르는 '엄마'라는 말. 세상에 태어난 우리가 가장 먼저 배웠고, 가장 많이 불렀으며, 또 어느 순간부터는 가장 많이 마음속으로 삼켜야 하는 말 '엄마'라는 말. 세상에 부딪혀 앞이 캄캄할 때, 혼자서 헤쳐갈 수 없는 지경에 처했을 때, 나도 모르게 입에서 엄마를 부른다. 엄마를 목놓아 부르면 뭉쳐 있던 마음 한구석이 풀리기 때문이다. 그만큼 엄마의 존재는 목마른 마음을 적셔주는 샘터 역할을 한다.

80년대 대학 시절. 자취 생활을 하니 보름쯤 지나면 먹을 것, 생활비가 거의 바닥이 난다. 그러니 금요일 저녁때 버스를 타고 엄마가 있는 고향으로 달려간다. 해가 지고 밤이 될 즘 시골집에 도착한다. 집 앞 입구에 엄마가 서 있다. 항상 그 자리에서 나와서 내 손을 잡고 웃는다. "둘째 왔네, 오느라 욕봤다"며 엄마는 내 손을 잡고 집으로 들어갔다.

주말을 집에서 보내고 새벽에 떠나올 때, 먼발치에 서서 아들 뒷모습을 보며 손을 흔드는 엄마 모습이 보였다. "아들 학교생활 잘해라, 건강해라, 사랑한다"라는 응원의 손짓이었다. 아버지는 보이지 않았지만 아마도 엄마는 내 모습이 보이지 않을 때까지 지켜보았을 것 같았다.

엄마는 힘든 말도 다 들어주고 기꺼이 허락해 주시던 내 편이었다. 이래서 안 돼, 저래서 안 된다는 말 대신 "이것은 이렇게 해보고 저것은 어떡해서라도 해줄게"식으로 모든 어려운 점도 다 해결하는 엄마였다. 반면 아버지는 대답 대신 눈빛으로 나를 응원했고 늘 부모는 자식의 든든한 기둥의 존재였다.

하지만 영원히 옆에 있어 줄 것만 같았던 부모는 사전 예고 없이 하나둘 세상을 떠나고 만다. 아버지가 먼저, 엄마가 10년 후 세상을 떠났다. 아버지가 돌아가실 때는 눈물이 나오지 않았다. 처음 겪는 일이라 어떻게 해야 하는지 몰라 멍하니 서서 천장만 바라보았다. 아버지 곁에서 한참을 울고 계시던 고모가 나를 보며 "너는 아버지가 돌아가셨는데 울지도 않느냐"며 퉁명스럽게 말했다.

왜 슬프지 않겠어요. 슬픔을 어떻게 해야 할지 몰랐던 내가 더 힘들었다. 그렇게 아버지를 보내고 나니 세상 모든 것이 무너지고 없을 것 같은 느낌이었는데, 다행히 한 쪽에 엄마가 보였다. 그날 엄마가 있음을 알고 기쁨의 눈물이 나왔다. 살면서 생각해보니 아버지는 경제적 지주로, 엄마는 정신적 지주로 존재했던 것 같다.

가끔 부모님 산소를 찾아가면 두 분이 나란히 마중 나와 나를 반겨준다. 산소에 엎드려 절을 하고 담배에 불을 붙여 아버지 앞에 놓는다. 평소 담배와 술을 좋아했기에 기억을 더듬어 본다. 옆에 있는 엄마 산소를 한참이나 바라보았다. 엄마는 늘 그 자리에서 나를 웃으면서 반기는 모습이다. "엄마 둘째 왔어요, 엄마 보고 싶어 왔어." 나는 속삭이며 인사를 해본다.

지금도 엄마 생각을 해보면 안쓰럽다. 내 엄마 이전에 한 여자로 생각을 해보면 그 흔한 옷도, 얼굴 치장을 위한 화장품도 하나 없이 살아온 것이다. 그때는 모든 엄마의 모습인 줄 알았다. 엄마는 그렇게 사는 것이 당연하게 생각했다. 밭에서, 논에서, 집에서 온갖 힘든 일을 하다 보니 손은 고목나무 껍질이 됐다. 그럼에도 주름진 얼굴은 밝기만 했다.

왜 그리 사셨는지 모르는 자식은 없다. 그것이 자식을 위한 최선의 방법이었을 것이다. 자식은 고목나무 껍질 같은 손을 보고 엄마의 깊은 사랑을 깨닫는다. 속으로 울면서 겉으론 늘 밝은 엄마, 그래서 엄마의 모습이 쉽게 지워지지 않는다. 엄마 사랑과 따스한 힘은 험한 세상을 헤치며 살아가는 나에게 큰 용기와 지혜를 준다. 엄마가 보고 싶다. 엄니 사랑합니다.

2-6
시(詩)가 있는 공간

얼굴과 마음

얼굴은
자세히 보아야
예쁘다

오래 보아야
사랑스럽다

너도 그렇고
나도 그렇다

마음은
자주 만나야
알 수 있다

함께 공감해야
열린다

나도 그렇고
너도 그렇다

2-7
당신이 틈을 보일 때

우리는 모두 자기 자신을 아파하며 살아간다. 내 안에 있는 나는 너무 잘나면서도 못났고, 너무 강하면서도 여리다. 이 복잡하고 알 수 없는 '나'를 지키기 위해 우리는 성벽을 쌓는다.

살면서 타인으로부터 거절과 미움이라는 공격을 받을 때마다, 나를 둘러싼 성벽을 이중 삼중으로 단단하게 만든다. 이 상처받고 가엾은 마음을 절대 밖으로 내보내지 않겠다고 다짐한다. 다른 말로는 '열등감'이라 불릴 수 있을 이 원인은 잘생긴 외모, 부, 학벌, 사회적 지위의 결핍이라는 점으로 표현할 수 있다.

똑같은 시선으로 바라봤는데도 왜 반응이 다른가? 미소를 짓는 사람은 자기와 눈길을 맞추어 사랑을 표현한 사람이 많았기 때문이다. 똑같은 시선인데도 '왜 째려봐', '나한테 유감 있어?' 물을 듯이 대응한다면 평소에 자신을 째려보는 사람이 많았다는 증거다.

그리고 때로는 양심의 소리를 들으면서 의외의 친절을 친절로 받아들일 염치도 자신도 없는 것이다. 완전한 사람은 없지만, 그 불완전함을 인정하면 이내 극복하게 되지만 뻔한 사실에 저항하면 할수록 열등감이 커질 것이다.

열등감은 사실을 왜곡하여 극심한 오해를 낳고 끝도 없는 나락으로 나를 떨어지게 한다. 그를 반드시 이겨야겠다는 마음은 열등감에서 온다. 그 열등감은 상대방의 우월성을 인정하기 때문이며, 스스로 취약함을 인정하기 때문이다.

누군가가 좋아지면 만나서 이야기를 나누고 싶다. 지나온 생에 관해 묻고, 거쳐온 아픔에 손길을 얹어주고 싶은데, 그런데 망설여진다. 상대가 내 호의를 반길지 알 수가 없다. 어떻게 보면 좋아할 것 같은데, 어떻게 보면 민망할 것 같다. 가깝게 지내면 서로 힘이 되어주는 장면을 몇 번 떠올리다가 결국 돌아선다.

가끔 그가 생각날 때면 이렇게 결론 내린다. 잘했어, 먼저 손 내밀었다면 창피를 당했을 거야. 연애 관계에서만이 아니라 인간과 맺는 모든 관계에 이런 감정이 깔려 있다. 타인에게 다가가는 것은 어쩌면 세상에서 가장 어려운 일일지도 모른다.

왜 먼저 손 내밀지 못하는가, 내가 '나'의 못남을 속속들이 알고 있기 때문이다. 내 속에 들어앉은 '나'는 못났다. 그 사실을 잘 알기에 차마 그런 나를 타인에게 내밀 수 없다. 다가가고 싶다고, 너와 친해지고 싶다고, 말할 수가 없다.

반면 내가 호감을 품은 상대는 완벽해 보인다. 세련되고, 강하고, 여유로워 보인다. 저렇게 멋있는 인간이 나를 좋아할 리가 없다. 무엇이 아쉬워서 나 같은 못난이와 친해지고 싶겠는가? 그렇다면 만남은 언제 가능한가. 대체 사람 간의 연결은 언제 일어나는가,

상대의 약점이 눈에 보일 때다.

　모자라고 약한 모습이 시야에 들어올 때다. 완벽해 보이던 상대의 틈을 인식할 때, 우리는 망설임 없이 성큼 다가선다. 너도 나만큼 못난 존재였구나. 겉보기에 완벽해 보이는 사람들, 이를테면 기가 막히게 잘생겼거나 돈이 많거나 높은 사회적 지위를 차지한 이들 보다, 어딘가 틈이 보이는 사람이 주위에 많다는 것이다.

　사회가 쌓아주고 나 자신도 부지런히 쌓았을 거대한 마음의 벽에 예기치 않은 순간 틈이 생기고 그 틈새로 빠져나가 타인과 손을 맞잡는 것은 우리네 인간들 모두가 바라는 만남의 상징이다. 작은 틈에서 찾은 행복은 부, 명예, 학벌 아닌 '관계'에 있다고 본다. "그래 나보다는 네가 훨씬 잘하지", "나는 너를 응원해"라는 여유로움에는 패배가 있을 수 없다.

2-8
강한 생명 얼굴을 내밀다

《 포토 에세이 》

도로와 인도 사이에 존재했던 도심의 가로수 한그루였다.
몸뚱이가 잘려 나간 부분에서 새로운 싹이 올라온다.

몽당연필보다 더 쓸모없는 그곳에서
본연의 색깔을 하고 생명을 불어넣는다.

그래도 한때는 아름드리 제법 쓸모있는 나무였다.
하지만 도심에서 끝까지 살아남기엔 힘들었으리라.
땅속에 뿌리를 온전히 내리지 못하고 땅 위로 올라온
굵직한 뿌리가 그 답을 말해준다.

흘러간 시간 앞에 더 오래 버티지 못하고 힘없이 잘려 나갔다.
올봄 구청에서 구월동 도심에 있는 가로수 프라다나스 나무의
생육 상태 확인을 위해 전수 검사를 했다.
그중에 몇 나무는 생육 상태가 안 좋아 나무에 노란 띠를 묶어
표시하고 간 나무 중 하나였다.

잘려 나가기 전 모습은
번듯하게 자라서 올라간 Y자 형태의 나무줄기였다.
어른 두 손으로 감싸도 모자랄 만큼 굵은 나무였다.
그랬던 나무가 두 개의 나무줄기 갈라진 부위에서 일부가 썩어지다
여름 태풍에 하나의 줄기 나무가 버티지 못하고 쓰러졌다.
또 한 번 강풍이 불어 닥치면 버티지 못하고 쓸어질 것 같다.
남아있던 줄기도 위태위태했다.
예측할 수 없는 피해를 막기 위해 어쩔 수 없이 전동 톱에

잘려 나갔다.

번듯하게 자란 나무였지만
몸통과 밑부분까지 싹둑 잘려 예진의 모습은 흔적이 없다.
잘려 나간 윗부분은 이 나무가 살아온 흔적인 나이테가
큼직하게 많이 남아있다.

잘려 나가기 전
싱그러운 잎새로 더위를 피할 수 있는 그늘을 제공했고,
도시의 혼탁한 공기도 정화해 주었다.
어쩌면 사람에게 늘 고마운 존재였는지도 모른다.
이렇게 나무는 모든 이에게 고마움을 주고 간다.

살아오면서 우린
누군가에게 시원한 마음의 그늘을 만들어준 적이 있는가.
그렇게 하지 못한 미안함이 남는다.
아직 포기를 모른 채 강인한 생명의 얼굴을 내밀고
새로운 세상을 바라보고 있다.

2-9
80대를 준비해야 하는 60대

기존 관념을 뒤집는 이야기가 많아지고 있다. 새로운 이야기가 많은 것은 인간의 삶의 길이가 예상치 않게 길어졌기 때문이다. 길어진 부분만큼 새로운 것이 업데이트되어야 한다. 대략 20년 전 환자들의 나이는 주로 30~40대였다. 그 시대에는 건강 문제들이 그 나이에 나타나기 시작한 것이다. 지금은 50대와 그 이후가 많다.

그 사이에 평균 수명은 70대 초반에서 80대 중반으로 늘어났다. 삶의 길이가 20년 가까이 길어진 것이다. 은퇴하고도 20~30년을 더 사는 세상이 되었으니 짧은 수명 시대에 만들어진 '교육, 직업, 은퇴'의 고정 사고는 버려야 한다.

평생 2~3번 직업을 바꾸고 그것을 위해 다시 공부하는 '다단계' 삶을 살아야 한다는 것이다. 건강도 마찬가지다. 60대가 80대를 대비해야 하는 상황이 생겼기 때문에 건강관리도 단계별로 나누어야 하는 시대가 된 것이다.

오래전, 수명이 40~50대에 불과했던 시대에 먹거나 몸을 단련

하는 것은 남보다 강건해지기 위한 것이었다. 경쟁에서 밀리지 않고 자손을 남기고 가족을 지키는 것이 목표였다. 장수는 그저 운이었지 노력으로 얻을 수 있는 것이 아니었다. 오래 살기 위해 운동을 한다는 것은 삶이 풍요로워지고, 폭식과 운동 부족이 일상화된 현대 사회가 되어서야 나타난 개념이다.

백세 시대는 관점의 변화가 필요하다. 이렇게 불확실한 변수가 누구에게나 일어날 수 있는 것이다. 내가 중대 질병에 걸릴지 금융사기를 당할지 누가 알겠는가? 더 무서운 건 내가 생각지도 못한 일을 당하는 경우다. 은퇴 후 80대 이후까지 필요한 돈은 얼마가 필요한가이다. 생각긴대 60대까지만 돈이 필요하고 그 이후에는 쓸 일이 없다고 해도 넉넉하게 준비하자. 40년 동안 물가상승률이 어떨지, 내 수명은 어떨지, 자산 수익률이 어떨지 알기 어렵기 때문이다.

미래에는 노후의 돈이 더 많이 필요한 이유다. 노후를 위한 저축 개념으로 넉넉하게 준비한다면 당신의 삶을 새롭게 만들어 줄 것이다. 감염, 전쟁, 아사의 위협이 사라져 평균 수명이 보장되었지만, 당뇨, 고혈압, 심뇌혈관질환 등이 인간을 위협하기 시작하자 인간의 목표는 무사히 70대에 진입하는 것으로 전환되었다. 이를 위해 타고난 본능을 억제해 식사량을 조절하고 열심히 뛰기 시작했다.

노후 준비도 그러하다. 내 삶의 결정적인 위험은 예측이 어렵다. 계산해서 준비해 놓아도 하나의 사건이 준비한 삶 모두를 허물어버릴 수 있다. 그래서 노후 준비는 적정하다고 생각되는 것 이상으로 넉넉하게 준비해 두어야 한다. 이런 일은 미리 시작해야 한다. 초등학교 때 열심히 독서하고 중학교 때 수학의 기초를 닦아야 대학 입시에 성공할 수 있는 것과 같다.

그런데 막상 60대에 도달하니 언젠가부터 이곳이 종착지가 아닌 경유지가 되었다. 쉬며 삶을 되돌아보는 나이가 아니라 아직도 살아 계신 부모를 돌보면서 자신의 80대도 준비해야 하는 시간으로 바뀐 것이다. 또 하나. 넉넉하다는 것은 돈의 넉넉함에 한정되지 않는다. 돈만 잘 준비된 노후는 넉넉하게 준비된 노후가 아니다. 일, 관계, 건강 등이 같이 준비되어야 한다. 다양하게 넉넉함이 갖추어져야 예기치 않은 변화에 삶이 흔들리지 않는다.

노년엔 보유재산이 자신의 가치이므로 이를 유지하는 게 필요하다. 축적해 둔 재산을 양도하면 자신의 가치도 사라지고 자신의 가치가 없으면 주체성을 잃게 된다. 개인의 삶도 다르지 않다. 평생을 교직에서 일하고 은퇴했는데 연금과 집도 다 날리고 갈 곳 없는 처지가 되는 일도 있다. 가지 많은 나무에 바람 잘 날 없다고 하지 않은가. 예상치도 못한 일들이 많이 일어나는 시대에 살고 있다.

세상의 인구가 많아지고 세계 경제가 80억 명으로 서로 연결되어 있으니 충격적인 일들이 자주 일어난다. 코로나19도 이런 예에 속한다. 이처럼 삶의 가장 큰 위험은 내 머릿속에 있지도 않은 일이 일어나는 것이다. 죽을 때까지 재산을 보유하면서 본인의 노후 준비에 집중하는 게 좋다. 예상하지 못하는 일을 사전에 막는 방법에는 건강한 삶과 노후를 넉넉하게 준비된 자산이 필요한 이유다.

2-10
덕질

　사랑도 이별도 간편하게 그리고 애인 대신 관심 대상을 키운다. 우리는 대부분 나 아닌 타인을 상대로 관심을 키우고 그 이상으로 우상화한다. 마치 그 우상화가 온전히 나를 대신해 준다는 의미로 독하게 관심을 갖는다. 관심 대상을 광적 팬으로 활동하는 모습과 표현은 상상외로 다양하다. 사람의 마음이란 알다가도 모르겠다. 남의 마음은 둘째치고 내 마음부터 그렇다. 마음이란 참 제멋대로다. 사춘기만 아니라 성별 관계없이 인생의 시기별로 감정의 크기는 다르게 움직인다.

　머리로는 그를 밀어내지만, 가슴은 자꾸 그를 향한다. 덕질은 왜 그러는 걸까? 그렇다. 사람 마음은 마음대로 안 되기 때문이다. 누군가 좋아지기 시작하면 아무리 그러지 않으려고 해도 속수무책이다. 누군가 싫으면 아무리 애를 써도 좋지 않은 부분들이 눈에 밟힌다. 그러니, 다른 이의 마음을 움직인다는 건 더더욱 쉽지 않다. 자기 마음, 자기도 맘대로 못 하는데 남이 어쩌겠나?

그런 열정 팬으로 활동의 관심 대상이 오래가는가도 의문이지만 그 관심이 끝날 때까지 지속된다. 분명히 끝나게 되는 시간이 올 것이고 또 다른 상대를 갈구하게 된다. 또 다른 덕질을 위해 나름대로 많은 시간을 보내야 한다. 그렇게 힘들게 자신을 위로해야 쉽게 다른 덕질로 향할 수 있다.

'열정 팬으로 활동'의 본질은 비슷하다. 스스로 만들어 즐기는 사랑, 나를 위해 발명한 사랑, 모든 게 불확실하고 피상적 인간관계가 가득한 세상에서 내가 선택하고 창조해 낸 사랑이다. 이처럼 다양한 덕질의 형태는 사랑의 진화인지 퇴행인지 알 수는 없다.

"내가 보고 싶을 때만 보고, 보기 싫을 때는 안 볼 수 있지, 메시지가 와도 반드시 답장할 의무도 없지, 그래도 유사 연애 퍼먹여 주지, 듣기 좋은 말만 골라 해주지, 이보다 간편한 사랑이 어딨어?" "마음에 드는 모습만 골라 저장할 수 있고, 나의 시간에 맞추어 꺼내 볼 수 있는, 언제든 내키지 않으면 그만둘 수 있는, 이만큼의 거리가 이제는 좋고 편하다"고 덕질을 통해 얻으려는 것도 각자 다르다.

덕질을 바라볼 수 있는 대상과 전환의 시기도 사람마다 다르게 나타난다. 일상에서 느끼는 반복된 시간 속에 지루함일까, 아니면 흥미를 잃은 채 의욕 상실일지도 모른다. 이런 정체성에서 한 발짝 물러나 또 다른 전환을 모색할 수 있는 멈춤이 있어야 한다.

지루하고 따분한 일상을 벗어나기 위한 의욕의 질문, '나, 지금 이대로 괜찮은 걸까?'라는 일상에서 삶을 바꿀 자유의 시간이 필요하다. 멈춤의 시간이자 자기 자신을 성찰하고 자기가 꿈꾸는 삶을 발견하기 위한 탐색 시기로 볼 수 있다.

다양한 덕질을 찾아 나서는 사람들도 많다. 예를 들면 독서에 끌려서 한 분야 책에 몰두하여 깊이 중심으로 다른 편견을 깨는 사람, 자신을 들여다보는 일기, 개인사 등 자기 성찰적이고 자기 체험 중심으로 글 쓰는 사람, 나를 찾아 떠나는 배낭여행, 홀로 순례하는 사람, 등 여러 가지 도구로 덕질을 위한 모색일 수 있다.

이러한 덕질의 전환은 꾸준한 성찰을 통해 내면의 가치관과 방향성이 달라지는 과정으로 볼 수 있다. 독서는 사람은 책을 만들고 책은 사람을 만든다. 글쓰기는 인생이라는 한 권 책의 저자는 오직 자신이다. 여행은 여행 전과 후의 나는 같지 않다. 뭔가 다르게 느낌이 있다는 방증이다.

어떤 덕질이 나에게 좋은가. 내가 할 수 있는 또 다른 분야는 없을까. 언제든 찾아볼 기회가 있다면 많은 질문을 나에게 던져봐야 한다. 그래야 뇌가 반응하고 차츰 생각들이 만들어진다. 그런 기회를 놓치지 말고 내가 할 수 있는 덕질을 끄집어내고 잘 다듬어 즐길 줄 알아야 한다. 인생의 매 순간을 열심히 살 수는 없다. 나에게서 탈출을 위한 그 무엇을 찾아 떠나는 타인 여행도 있어야 한다.

비단 누군가를 좋아하는 마음에 그치지 않는다. 당신이 하는 일도 마찬가지이다. 무엇을 하고 싶은 마음도, 하기 싫은 마음도 억지로 바꿀 순 없다. 마음을 죽이고 산다면 사는 게 사는 거 같지 않을 테니까. 당신 마음이 마음대로 되지 않을 땐 잠시라도 멈춰서 생각해 보라. 그것이 시간을 낭비하지 않는 길이며 그 누구보다 소중한 스스로를 아끼는 길일 것이다.

타인의 입장은 헤아리지 못해도 나의 시각은 잘 묘사해낼 수 있겠다 싶었다. 덕질을 통해 즐거운 상태로 있는 시간도 길어지고, 정신도 건강해지는 것 같았다. 내가 직접 만들고 내 생각을 파먹는 글쓰기에 만족할 수 있었으면 좋겠다.

세상에 쉬운 일은 없고, 타고난 글쓰기 재능은 따로 있는 것이 아니다. 책을 좋아하고, 잘 정리하면서 오래 앉아있는 엉덩이의 무거움이 글쓰기의 힘이다. 이것이 나를 위한 참다운 덕질이 아닐까 싶다. 나도 모르는 내 마음이다. 앞으로도 기꺼이 온 마음을 다해 '나를 위한 덕질'의 시간을 "쓸 생각"이다.

2-11
가족

　가족이란 따뜻함이다. 마치 난로의 온도가 점점 올라 온몸이 따뜻해지는 느낌이다. 언론에 종종 등장하는 고독사의 뉴스를 볼 때마다 이 시대에 가족은 이렇게 무너져가는가 하는 간절한 안타까움 있었다. 그래도 여전히 우리에겐 가족이 있다. 가족의 사랑이 있다. 어떻게 하면 안타까움을 기대와 소망으로 바꿀 수 있을까? 가족이란 테두리 안에서 한 번쯤 생각해 볼 시점이다.

　가족은 세상을 연결하는 첫 단추이자, 없어서는 안 될 운명적 존재이다. 가족을 통해 우리는 웃고, 울고, 희로애락을 경험한다. 가족에 대해 애틋함과 사랑이 깊어지는 시간이 지속될 것이다. 가족이란 따뜻함과 애정으로 살아간다. 하지만 우리 마음 한구석엔 미안한 마음이 쌓여 있음을 느낀다. 미우나 고우나 가족이 최고다. 가족 없이는 존재하지 못했으면서 바쁘다는 이유로 놓치고 있었던 것이 아닌가!

　애잔했던 과거의 기억, 현재의 단란함, 이 사랑은 기억 속에서 떼려면 뗄 수야 없는 기억이다. 바쁜 삶 속에서 여유를 가지고 중요한 것의 의미와 가치를 떠올리는 시간이 되어야 한다. 가족이기에 판도라의 상자에 꼭꼭 담아 감춰둘 수밖에 없었던 옥빛 사연이 많이 존재한다.

때론 아들로서, 남편으로서, 아이들 아빠로 살면서 사랑과 헌신의 주체임을 차츰 알게 되었다. 어쩌면 그 안에서 느끼는 안정감이 있고 없고에 따라 가족 품이 되기도 살얼음판이 되기도 하는 게 아닐까? 오래도록 머물고 익혀지고 자신을 자라게 한 가족, 자신을 넘어 가족을 좀 더 이해하게 되고 토닥이며 사랑하게 된다.

가끔은 숨기고 싶고, 말하고 싶지 않은 크고 작은 가정 안의 희로애락 들이 나만의 이야기는 아니라는 것을 깨닫게 해준다. 그 공감대는 세상을 조금 더 살맛 나게 일할 맛 나게 한다.

나는 현명한 아내와 각자 다른 고운 빛깔을 가진 두 아이랑 살고 있다. 첫째 딸 성은이는 꼼꼼한 아빠를 닮아서 그런지 가계부를 적으며 지출을 줄이고 경제적 풍요를 꿈꾸는 알뜰형이다. 둘째 아들 태준이는 외모는 엄마를 닮고 성격은 아빠를 닮아 이상적이고 고상한 것에 호기심 많은 아이다.

어릴 적 아이들을 혼내다가도 호수 같은 눈과 장난기 어린 행동에 나도 모르게 피식 웃음이 났다. 엉덩이를 흔들고, 달려들어 뽀뽀하고, 혼낼 수 없는 상황을 만들어 버린다. 모두 순수하고 자유로운 아이들이다.

누군가 행복이 무엇이냐고 물었던 적이 있다. 행복한 사람은 자신이 처한 상황에서 감사함을 찾는 사람이고, 불행한 사람은 자신이 처한 상황에 불평하는 사람이다. 같은 상황에서도 내 마음먹기에 달렸다. 행복한 나는 두 아이의 웃음꽃이 피어나는 가족과 함께 살고 있다.

성격상 마음을 말로 표현하기보다 글로 표현하는 것이 더 편하다. 하지만, 말로도 내 마음을 표현하려고 애쓴다. 사랑은 내리사랑이란 말이 있듯이 부모님이 나에게 쏟은 깊은 사랑을 이제는 아이들에게 아낌없이 주고 싶다. 두 아이가 성장하여 결혼하겠다고 이야기를 꺼낼 거고 좋은 배필을 만나 상견례 하는 날도 올 거다.

내가 가정을 이루며 산 세월이 엊그제 같은데 내 아이들이 결혼할 나이라니 내 입가에 미소가 머무는 것을 본다. 내 또래 친구 자식들 결혼 소식이 많아지면서 결혼식에 참석하여 결혼 분위기를 본다. 요즘 축사는 양가 부모가 한다. 자식을 키운 부모가 하는 것이 큰 의미가 있어 보인다. 아이를 둔 나도 친구의 축사가 남의 일이 아닌 듯싶다.

착하고 어린 나이에 나에게 온 아내와 두 아이, 우리 가족은 여전히 내 편이고 서로 위로가 되어 주고 희망이 되어 준다. 가족은 그런 것 같다. 힘들다고 말하지 않아도 서로 알아주는 것, 마음을 보듬어주는 것, 그게 지금 내 가족이다. 살다 보면 아픔이 없을 수는 없겠지만 아픔이 있더라도 서로에게 상처에 바르는 연고처럼 치료제가 되어 주는 가족이 되는 것이 나의 바람이다.

세상에서 부모가 되는 일보다 더 중요한 직업은 없다고 한다. 한 가족을 위해 부모의 책임을 다하는데 부부는 화합과 사랑, 희생을 할 수 있는 준비가 되어야 한다. 가족은 내가 선택하고 내가 만든 가족이기에 내가 책임질 각오가 되어야 한다. 최소한 아이들에게 평안과 안정, 사랑, 신뢰가 있는 가정이 되어 주어야 한다.

그러기 위해서 두 부부가 행복해야 한다. 가족을 형성한 부부 각자의 자신들을 보석의 존재로 여기며 자기를 위해 사랑하는 법을 알아야 한다. 나에게서 탄생한 가족에게도 사랑을 나누어주는 삶을 살아갈 수 있는 부모가 가장의 역할이라고 생각한다. 잘 살아가는 가정이 형성되려면 부모 자신이 바라보는 자식들을 사랑과 믿음으로 따뜻한 마음을 갖도록 평소에 습관을 들여야 한다.

반대로 부부가 행복하지 못한 가정환경에서 자란 아이들은 "우리 집은 불행한 집이야"라고 생각하고 부모의 선택으로 인해 '피해자 의식'을 갖고 살아간다고 한다. 그러니 당연히 결혼 기피로 이어지고 나 같은 자식을 원하지 않게 되는 것이다. 자식은 부모를 보면서 자란다고 한다.

그만큼 부부는 중요한 위치에 있음을 알고 행동해야 한다. 그래서 가족 중심을 이끌어가는 공동체에 선두자는 부모이다. 또한 부모는 경험과 지식을 바탕으로 자녀의 앞날을 밝혀주는 인생의 조력자 역할을 하기 때문이다.

2022년 4월 16일 양평에 있는 소노휴 리조트 1박 2일 가족여행을 떠났다. 주말이라서 친지 결혼식과 한 울타리 모임도 불참하고 모처럼 가족여행을 함께 보냈다. 딸이 여행 일정을 잡았고 아침 일찍 양평으로 향했다. 리조트에 오후 3시에 입실 시간이라 가는 길에 맛집을 찾아 점심을 먹었다.

짬이 나서 더 그림 식물원, 수목원에 들러 아기자기 꾸며놓은 곳에서 힐링도 하고 그림처럼 운치 있는 곳에서 가족사진도 많이 남겼다. 소노휴 리조트에 입실하여 짐을 풀고 저녁 밤 야경을 보면서 삼겹살 구이로 저녁을 했다. 식후 주변 경치를 둘러보고 추억 사진도 남기고 하룻밤을 보냈다.

　모처럼 가족과 함께 온 여행이라 가족에 대한 글쓰기를 준비했다. 4장 종이에 각자 이름을 적어 돌리며 가족에 대한 각자 심정과 바램 등을 글로써 남겼다. 말로는 다 표현하지 못하지만, 글로는 표현이 쉽다는 것을 볼 수 있어 좋았다. 이번 여행은 큰딸 생일 기념으로 준비했던 만큼 나름으로 인상 깊은 가족여행이었다. 살면서 가장 큰 선물은 아내와 두 아이를 만난 것이다.

2-12
소중한 모임

　매번 짝수 달 셋째 주 주말에는 친구를 만나러 모임에 간다. 모임 때마다 색다른 장소와 먹거리로 시간 가는 줄 모른 채 즐거운 만남을 보내고 온다. 1년에 6번 정기모임을 갖고 만난다. 40년 지켜온 모임이라서 그런지 매번 모임에 갈 때마다 마음이 설레고 몇 명이나 올까 기다려진다.

　그래서 늘 그 모임에 참석하기 위해 차를 운전하고 간다. 모임 때마다 보는 친구들 모습이지만 보면 볼수록 세월의 흔적이 보인다. 점점 나이가 들고 있다는 표시이고 그래서 그 모습을 서로 확인할 수 있어 좋은 친구들이다. "살이 많이 빠졌네", "흰머리가 많이 생겼다." "머리카락이 많이 없네" 등 전에 없던 말들을 주고받는다. 20대 청춘 때는 뭐든 많다는 말들이 당연한 것처럼 살았는데, 지금은 반대의 의미로 씁쓸하게 들린다.

　오늘 점심 메뉴는 장어구이다. 여름철 몸에 좋은 보양식으로 최고다. 젊어서는 자주 먹어본 적 없는 특별한 장어구이로 이제는 몸 건강을 챙겨야 하는 나이인가 보다.

　한울타리 모임을 결성하고 지금까지 온 세월이 40년, 강산도 네

번 바뀐 셈이다. 고등학교 졸업 후 모임을 시작했으니 꽤 많은 시간 속에 사나이 우정과 신뢰를 두텁게 만든 소중한 모임이다. 젊어서 만나서 회갑이 되었으니 말이다.

20대 초반에는 의욕만으로 모임이 진행되었다. 그래서 매월 모임을 하고 친목도 다졌다. 30대 접어들면서 하나둘 결혼을 하게 되면서 모임 규모가 커지게 되었다. 아이들이 태어나고부터 부모로서 역할로 전환되어갔다. 크고 작은 자녀들 행사가 있었고 남편 역할을 하며 단란한 가정을 만들어 갔다.

물론 이때까지 함께 했던 친구들이 대부분이었지만 간혹 모임에 소홀하여 떠난 친구도 있었다. 모임 회칙상 모임 불참 3회 이상, 회비 미납 3회 이상이면 의결 없이 자동 회원 박탈되었다. 그런 사유로 회원으로 가입 때 회원 100% 찬성이 있어야 가입이 허용되었다. 그만큼 모임에 대한 열정과 존립을 위한 방법이기도 했다.

그래도 20대와 30대는 정말이지 통이 크게 놀기도 했고 모임 자체에 자긍심도 컸다. 어떤 곳에서도 굴하지 않고 청춘과 젊음을 만끽한 시절을 보낸 것 같다. 봄, 가을에는 야유회와 등산을 갔고, 모임 때마다 축구와 족구 시합도 했다. 잘 먹고 신나게 땀을 흘리며 그렇게 모임을 통해 값진 시간을 보냈다.

40대를 보내면서 뜻하지 않은 친구의 죽음을 본다. 대부분 건강을 잃고 세상을 떠나는 친구도 생겨났다. 어린 자녀만 남기고 떠난 친구여서 우려와 아쉬움이 많은 이별이었다. 먼저 간 친구를 보고는 넋이 나간 적도 있었다. 그렇게 쉽게 떠날 수 있음을 알지 못했고 더 이상 함께 만날 수 없음을 더 슬퍼했는지도 모른다.

그렇게 건강을 지키지 못하고 우리 곁을 떠난 친구가 세 명이다. 봉안당에 홀로 두고 오던 날, 내 마음도 많이 아팠다. "친구야! 좋은 곳에 가서 그곳에서 행복했으면…." "고통 없는 그곳에서 편히 잘 쉬게나" 나는 그곳을 떠나오며 마지막 인사를 했다. 사회에 뛰어들어 누구보다 치열하게 살았고 가장으로 가족을 위한 삶 자체였는데 그렇게 허망하게 떠난 것이다.

친구가 떠난 자리에 또 다른 세 명의 친구가 모임에 둥지를 틀었다. 40대에 큰 슬픔과 이별의 아픔도 있었지만, 시간이 지나고 새로운 친구가 빈자리를 채우고, 모임도 제 자리를 찾아가니 지난 아픔도 서서히 가라앉게 되는가 싶다. 지금은 먼저 간 친구들 추억만 돌이켜볼 뿐이다.

우리 곁을 떠난 친구와 함께했던 짧은 행복과 짠하게 울렸던 고마움을 생각해본다.

내가 회사 다닐 때 대구 출장 가면 저녁 식사도 함께하고 잠자리도 집에서 해결해 준 준기 친구, 시골 동네에서 함께 자라고 간혹 내가 청주에 가면 소소하게 잘 챙겨주던 살가운 명준 친구, 모임에 오면 친구들이 필요로 하는 것을 가져와 아낌없이 나눠주던 순봉 친구 등 하나같이 착한 친구였다.

"친구야, 많이 보고 싶다." "너 없는 동안 추억 많이 만들어서 너희들을 만나면 자랑할 거야" "다시 만나는 날까지 그곳에서 잘 지내고 있어라."라고 내 마음속에서 뭉클하게 올라오는 말을 전하고 싶다.

50대 후반 그동안 준비한 해외여행을 떠나게 된다. 해외여행을 가기 위해 여러 해 준비한 덕분에 2018년 3월 16일, 3박 4일 베트남 다낭 단체 여행을 떠났다. 하지만 나를 포함 서너 명은 피치 못

할 사정으로 함께 여행을 다녀오지 못했다. 지금도 두고두고 막심한 후회가 남는다.

모든 일은 생각하기에 달렸는데, 그때는 왠지 내 마음이 쉽게 결정을 내리지 못했다. 갈 수 있는 다른 방법도 있었는데, 직장 생활이 가끔은 결정을 막는 장애가 될 수 있다는 점이다. 늘 내 곁에 있을 것 같지만 어느 날 되돌아보면 많은 것이 곁을 떠난다. 여행을 갈 수 있을 때, 함께 지켜주는 친구들이 있을 때, 미루지 말고 여행을 가고 친구와 아낌없이 사랑하자.

이젠 모임 친구들도 회갑을 맞이할 나이가 되어간다. 요즘 모임에 가면 '회갑 기념 여행'을 준비한다고 한다. 어떤 형태의 여행보다 회갑을 앞둔 여행이라고 하니 이번 여행은 꼭 가고 싶다. 베트남 다낭 여행 때 가지 못한 후회를 두 번 다시 않아야 한다. 생각이 많으면 결정이 어려워진다. 꼭 필요하면 합리적인 결정을 하고 꼭 가야 한다.

애쓰고 애쓴 시간은 내 안에 추억을 남긴다. 매번 모임 자리에 꼭 올 사람과 와야 할 사람이다. 보고 싶은 사람으로 남으려면 참석해야 한다. 나도 올 사람이고 와야 할 사람이구나, 나를 보고 싶어 하는 사람들이 여기 있구나 생각하며 참석해야 한다. 여기 모임이 있을 때, 몸이 아직 건강할 때, 모임 친구를 사랑하자. 각자 삶을 찾아 부지런히 움직이고, 느끼고, 감동하고 살면서, 한울타리 모임을 영원히 사랑하고 기억했으면 한다. 14명 친구야! 생을 마감하는 그날까지 지금의 마음 변치 말고 우리 곁에서 숨 쉬고, 삶을 동행하며 살아갔으면 한다. 나와 함께 있어 줘서 고맙고, 내 곁에 길동무가 되어 감사하고 찐! 하게 사랑한다.

2-13
장모님 틀니

지금 장모님이 사는 아파트는 재개발로 지어진 새집으로 이사와 살고 있다. 이곳 주안동은 재개발 이전에 우리 식구가 먼저 와 살았고 처가는 부평 부개동에서 오래 사셨다. 재개발로 인해 우린 조금 떨어진 곳에 이사했다. 좀처럼 개발되지 않을 것 같았지만 재개발 바람을 타고 급속도로 진행되었다.

처음 이곳에 이사를 오던 날이 생각난다. 이 집은 처가에서 노후대책을 위해 경매로 사들인 2층 상가주택이다. 1층은 상가로 세입자를 들이고 2층에서 우리 가족이 살림을 꾸리며 살았다. 주변에는 비슷한 단독주택이 많아서 층간소음은 먼 나라 이야기라서 아이들 키우는 데 불편함 없이 지냈다.

장모님은 부평 부개동 아파트에 오래 사셨다. 우리 신혼살림도 부개동 단독주택에서 시작했으니 처가와 이웃이 되어 함께 살아온 터라 처가의 도움도 많이 받았다. 그때만 해도 장모의 치아는 건강하고 가지런했다. 주말이면 처가에 모여 시끌벅적하게 즐거운 식사를 했다.

　우리가 재개발에 밀려 인근 아파트로 이사를 온 후 가끔 처가댁에 갔었는데 화장실 안에서 틀니를 보았다. 그것을 본 순간 "웬 틀니가 여기에 있지?" 순간 나를 깜짝 놀라게 했다. 처음 보는 틀니라 보기도 흉측해 보였다. 이빨 모형 그대로 있는 틀니를 보자 갑자기 장모님의 얼굴이 스쳐 지나갔다.

　화장실에서 나와 장모의 얼굴을 보니 틀니를 끼지 않아 홀쭉해진 볼을 보았다. 전에 없던 모습을 보니 시간은 우리와 무관하게 흘러가고 있는 듯했다. 인생도 어쩌면 속절없이 노화와 풍파에서 예외 없이 유지 보수하는 날이 온다는 것을 그때 알았다. 세상이 준 수많은 상처를 각자 스스로 이해하고 애쓰는 모습을 보면 콧등이 시큰해진다.

　그동안 틀니가 안 맞아서 그런지 틀니를 끼고 있는 모습을 보지 못했다. 그러니 건강 문제가 걱정되었다. 함께 식사할 때도 장모는 씹을 수 있는 고기와 반찬을 먹지 못했고 물로 밥을 말아 드셨다. 그때마다 안쓰럽고 건강이 걱정되었다. 우리는 장모님에게 치과에 가서 치료받아 보자고 했다.

　드디어 장인은 장모와 함께 가까운 치과에 가서 치료 견적을 받았다고 했다. 새 틀니와 틀니 고정으로 임플란트 2개를 심어야 하는 치료 과정에 들어갔다. 틀니와 임플란트 치료는 6개월 이상 걸린다고 한다. 그래도 다행이다. 건강을 위한 치료 기간이니 힘들어도 참고 기다려야 할 것 같다.

　이유 없이 건강한 것은 없다. 치아 건강은 스스로 지키지 못한 자신의 문제이기 때문이다. 살면서 신경을 쓰지 못한 일이지, 알면서 그냥 내버려진 습관은 아니다. 정답은 없지만, 건강을 위한 명답은 있다. 나와 지킬 수 있는 약속이 있어야 한다. 그것은 바로 건강 챙기기이다. 치아는 우리 몸을 지키지 못한 불균형에서 온다고 한다.

아직도 우리 가족의 식단은 처가 음식으로 살아가고 있다. 그렇게 사계절 음식을 먹고 살다 보니 처가 체질로 굳어져 있다. 밑반찬, 국거리 등 밥만 빼고 매번 한 아름 싸주면 먹고 난 빈 통만 가져다준다. 이제까지 행사처럼 이어지고 있다. 항상 미안하고 고마움뿐이다.

"장모님 치료 잘 받으시고 든든한 틀니로 건강했으면 좋겠어요"라고 나는 따뜻한 말로 위로를 건넸다. 장모님은 "사위야 고맙네, 신경 많이 쓰게 해서 미안하네, 자네도 치아 관리 잘해야 하네"하며 걱정 아닌 고마움을 나에게 말했다. 아직 치료 중이다. 머지않아 정상 치아는 아니지만, 유지 보수 치료를 통해 남은 인생 건강하고 행복했으면 합니다.

2-14
자랑합니다

• **고등학교 특별한 동창회**

　동창회 모임이 결성되면서 매년 11월 첫째 주 주말이면 동창회 정기모임을 한다. 특별한 사정이 없으면 주말을 이용해 1박 2일 모임을 한다. 전에는 동창회원으로 참석을 했다. 하지만 일 년 전부터 동창회장으로 선임되면서 모임에 관한 전반적인 사항을 준비해야 하는 사람으로 변했다. 모임 전 행사 준비를 위해 장소 선정과 사전 답사를 하고 치밀한 행사 계획을 준비해야 한다. 모임 행사를 준비하면서 여기까지 달려온 지난 모임들이 주마등처럼 스쳐 간다.
　고등학교 동창회에 가려고 바쁘게 채비하는 나에게 아내가 "동창회가 그렇게 좋소, 개근상 받으러 가냐?"고 한마디 한다. 1983년 단양공업고등학교를 졸업하고 각자의 진로와 삶을 살아오면서 무엇이 그리 바쁜 세월을 보냈는지 35년 지나도록 한번을 만나지 못한 채 살아온 고교 동창이 있다. 같은 하늘 아래에서 살면서 너무

긴 세월을 보냈나 싶어 아쉬움도 많았다. 그런 아쉬움이 그리움으로 색칠을 하듯 2018년 11월 3일 서울 강북구 우이동 우리 산장에서 꿈에 그리던 단양공고 29회 인문과 동창 모임을 하게 되었다.

처음 김상용 회장은 모임 일 년 전부터 동창밴드를 만들어 흩어진 동창을 하나둘 모이게 했고 밴드의 위력은 파격적이었다. 함께 모여 공유를 하다 보니 쉽게 친구들과 통화가 가능했다. 전에 TV에서 보았던 '잃어버린 30년 이산가족' 프로를 본 듯한 느낌이었다. 처음 육성 통화에서 "누구냐? 어 나는 누구누구야, 아! 반갑다. 친구야"하며 살아있다는 목소리와 뜻밖에 반가움을 표현할 줄 몰라 말을 잇지 못하는 친구들도 종종 있었다.

1년 전 맹 순재네 집 자드락에서 첫 동창회 출범식을 시작으로 동창회 호응도가 좋아지기 시작했다. 초대 회장은 호응도를 기반으로 동창과 담임 선생님을 초대하기 위한 큰 그림을 그렸다. 그는 많은 고생과 열정으로 노력의 결과물을 밴드에 모임 공지를 올렸다. "2018년 11월 3일 우이동 우리 산장에서 동창회 모임을 합니다."

나는 동창 모임을 가기 위해 아침부터 마음이 설레고 있었다. "동창들 모습은 세월만큼 변했을까? 내가 친구를 몰라봐서 실수하면 어쩌지"하며 걱정스러운 마음만 앞섰다. 처음 보는 친구에게 어떤 모습으로 대화를 해야 할지, 내가 친구의 얼굴과 이름을 모르면 어쩔지 등 많은 걱정을 하며 목적지로 갔다.

오전 10시쯤 우이동 우리 산장에 도착하니 나보다 일찍 온 동창이 하나둘 모여 있었고 산장 주변에는 가을하늘 아래 단풍이 곱게 물들어 있었다. 산장 입구에 들어서니 책상 위에 방명록과 이름표

목걸이가 보였다. 방명록에 "만나게 되어 오늘이 최고의 날이다!"라고 적었고, 친구 한 명이 내 이름을 적어 내 목에 걸어 주었다. 어떤 친구가 봐도 쉽게 알아볼 수 있고 서로 눈도장도 찍을 수 있어 좋았다.

오랜만에 만난 친구에게 "반갑다. 친구야!"라며 서로 손을 맞잡고 인사말을 한다. 단순한 인사말에는 반가움의 표현 이상의 의미가 담겨있다. 이 속에는 건강하여 모임 장소에 나올 수 있어서 다행이고, 만나는 것은 기피하지 않고 이 자리에 참석해 주어서 고맙다는 마음이 포함되어 있다. 뜻깊은 만남을 위해 뒷받침할 수 있는 건강함에 감사한다는 의미도 있다.

오늘 행사를 위해 갖가지 이색적인 준비물도 있었고, 다채로운 행사가 있음을 시간대별로 적어 놓아 기대할 만큼 설렘으로 가득했다. 우리가 마지막 교복 세대였다. 그때 입었던 교복과 모자, 교련복을 입었다. 끈 달린 사각 가방을 옆구리에 끼고 그 시절을 회상하며 선생님과 함께 그때 모습을 단체 사진으로 남겼다.

오전 행사는 3학년 1반 2반으로 나누어 족구 게임을 했다. 그때 나 지금이나 운동 실력은 죽지 않고 그대로 살아 있었다. 점심은 손수 시장을 본 재료로 삼겹살을 맛나게 구워 선생님과 함께 그 시절 추억과 지나온 이야기를 나누며 시간을 보냈다. 예상외로 50명 가까운 참석으로 절반 정도 모였다.

어쩌면 하루의 짧은 시간으로 지나온 35년을 이야기하기에는 턱없이 아쉬운 만남이었다. 하지만 이런 만남이 없었으면 두고두고 후회하지 않을까 하는 생각이 들었다. 길지 않은 시간을, 아직 남아

있는 시간을, 만남의 시간을 더 알차게 보내기 위해, 좋은 추억을 남기려고 노력했다. 모처럼 선생님과 동창들의 만남에 관한 각자의 생각을 말할 수 있는 시간을 함께했다.

박종관 선생님은 "지금 우리는 포용과 용서를 할 때"라고 말씀하셨다. 그 당시 선생님으로 있을 때와 지금의 제자와 만남을 위한 폭넓은 선생님의 심정을 표현했던 것 같다. 이달원 담임 선생님은 "80년도 첫 발령 학교에서 좋은 인연이 40여 년 시간여행으로 이어졌구나. 여러분과 북하리에서 처음 만남이 그리워지네. 좋은 이 자리에 초대해 줘서 고맙고, 오늘 특별한 만남을 꼭 기억하고 싶다"며 진심이 담긴 마음을 전했다.

두 분의 선생님 인사말이 끝나고, 다음 순서는 참석한 친구들이 돌아가며 자기소개하는 시간이 되었다. 그동안 살아온 각자 삶의 보따리를 털어놓았다. 한 친구는 "나는 현재 개인 사업을 하고 있고, 사업을 위해 눈물이 나도록 지켜왔지만, 세상은 그만큼 호락호락하지 않았다"면서 울먹울먹했다. 또 다른 친구는 "명퇴로 직장 생활을 접고 다른 직업을 선택하여 살고 있는데 아직은 걸음마 수준이라 더 열심히 노력하고 있다"고 했다.

졸업 후 사는 곳 사는 방식이 달라도 우린 사랑하기 딱 좋은 친구들이다. 살아온 환경과 삶의 모습이 서로 다르게 공존했고 치열하게 헤쳐온 동창들 인생을 알게 된 인상 깊은 시간이었다. 친구의 한마디 한마디가 전하는 이야기는 나에게 진한 감동의 울림을 주었고, 또 다른 친구의 이야기는 안타까운 마음에 눈물을 훔치기도 했다.

종합해보면 각자 걸어온 삶이 평범한 길이 아닌 굴곡진 길을 덤덤하게 살아온 것이 우리의 모습이었다. 서로 다른 길을 걸어왔다고 해서 그 무엇이 흠이고 잘못된 것이 아니다. 어쩌면 다른 길을 살아온 것이 사는 동안 서로에게 빛나는 모습이 아닐까. 마지막 친구까지 이야기가 끝나자 우레와 같은 큰 박수로 힘찬 응원을 보냈다.

그렇게 감동적인 선생님의 말씀과 제자들의 고마움을 전달하고 난 후 마지막 행사로 선생님과 제자와의 흥겨운 노래자랑 시간을 가졌다. 어쩜 다들 노래를 잘하는지 초청 가수도 울고 갈 정도로 구수한 노래 열창과 춤으로 뜨거운 시간을 보냈다. 지역 가수로 활동하고 있는 현성이 노래는 친구들의 마음을 사로잡았고, 개인기로 색소폰 연주를 한 근철이 덕분에 행사 분위기를 한층 더 끌어 올려 주었다.

자정이 되자 모든 행사가 마무리되었다. 짧은 시간 속에 선생님과 처음 만남이었지만 정말 소중한 시간이었다. '옷깃만 스쳐도 인연'이라는 말처럼 우리는 80년대 처음 제자와 스승의 인연으로 시작되어 40년 늦게라도 만날 수 있었다. 인연은 어떻게 키워 가느냐에 따라 좋은 관계로 될 수도 있고 그냥 사라질 수도 있는 것이다.

인생 살면서 가장 소중한 자산 중의 하나는 바로 친구 같은 동창이 아닐까 싶다. 같은 시대를 함께 공유하며 살아가는 인생길에, 동창이 있어 힘이 되고, 외롭지도, 쓸쓸하지도 않다고 생각한다. 가을날 손잡고 소풍 가듯 즐겁고 설렘으로 이곳에서 만났다. 나이 들어 추억 만들기와 서로를 더 깊게 알게 되는 소중한 자리였음을 알게 되었다.

　갈수록 서로에게 칭찬에 목말라하는 지금, 누군가를 칭찬할 수 있는 공간이 있으면 좋을 것 같아 동창밴드에 '칭찬 릴레이'를 마련하여 알차게 진행하고 있다. 칭찬은 고래처럼 수명도 길고 마음을 춤추게 한다고 한다. 함께 칭찬하고 배려하는 마음이 많이 생산된다면 분명 동창 모임에도 귀중한 뿌리를 내리게 될 듯싶다.

　이번 동창회 모임은 감동으로 빛난 만큼 먼 훗날 즐거웠던 시간으로 남게 될 것이다. 이번 만남을 계기로 더 많은 관심과 기쁨을 한곳에 담을 수 있었다. 이곳에서 나눈 참다운 우정은 추억의 한 페이지로 기억될 것이다. 매년 만남이 기쁨을 안겨주는 소중한 만남과 시간이 되었으면 한다. 살면서 더 많은 반가운 만남이 지속되기를 기대해 본다.

2-15
감동이 세상을 움직인다

나이를 먹고 가을이 오면 한 친구가 그리워진다. 몇 년이 지나지 않았지만, 친구가 보내온 메시지가 머리에 남아 또 한 번 마음이 뜨거워졌다. 왜 그런 걸까? 생각했다. 내가 생각하지 못한 일, 생각은 있지만, 행동으로 움직이지 못한 것일 수도 있다.

언젠가 친구들과 계양산 둘레길을 걸으며 이런저런 이야기를 했었는데 그 친구는 뜬금없이 "이번에 자서전을 한번 쓸까 하는데 어떨까"하며 진지하게 말했다. 나도 그랬지만 다른 친구도 "글쎄, 글을 쓰는 일이 쉽지 않아, 안 그래."하며 걱정스러운 표정으로 그 친구를 바라보았다.

"물론 힘들겠지, 근데 한번은 시도해 보는 것도 좋지 않겠어" "살아온 삶도 돌아보고 나머지 삶도 그려보는 것도 나쁘지 않을 것 같아"하며 걱정하는 친구에게 당당하게 말했다. 어떤 글이든 쓰기가 어렵다. 처음 써보는 글은 누구든 힘든 과정임에는 틀림이 없다. 그래도 친구의 용기가 대단했고 어떤 자서전 책이 나올까 은근히 기대가 컸다.

　그렇게 1년이 지났는데 그 친구로부터 문자 메시지가 왔다. 문자 메시지는 내 눈을 놀라게 했다. "오랜 장고 끝에 나의 자서전이 세상에 빛을 보게 되었습니다." 표지에 '세상에서 가장 소중한 선물'이란 제목으로 세상 밖으로 얼굴을 내민 것이다. 제목만 봐도 그 친구에게 가장 큰 선물처럼 보였다. 어쩌면 힘들게 써 내려간 글에 자신의 가장 소중한 선물이라고 표현을 했으니 그보다 좋은 감동은 없을 것 같았다.

　2021년 누구도 생각하고 싶지 않은 코로나 광란에 모든 일상이 멈춘 시간이었다. 대면이 아닌 비대면으로, 단체 모임도, 어떤 소소한 모임도 서로가 피해야 했다. 사람과의 대면을 부정하는 것도 모자라 상대방을 코로나 환자로 취급했다. 서로 의심의 눈으로 봐야 했던 암울한 일상을 보냈다.

　매년 모임도 하지 못하고 각종 행사 등 전면 취소되면서 일상은 격리와 병원으로 이어졌다. 보통 사람이면 코로나 예방 주사를 3번 이상 맞아야 했다. 환자와 의료진과 긴 싸움이 시작되면서 모두가 지쳐갔고 이 사태로 전쟁이 아닌 바이러스에 수많은 목숨을 잃게 되는 안타까운 죽음을 보았다.

　친구는 서로가 만날 수 없으니 택배로 보내 줄 테니 내 집 주소를 알려달라고 전화를 했다. 나는 전화를 받자마자 집 주소를 문자로 보내 주었다. 어떤 내용이 담긴 책일까? 하며 설레는 마음으로 자서전을 기다렸다. 주소를 알려주고 3일 만에 내 눈으로 따끈따끈한 선물이 들어왔다.

앞표지에 '자서전은 이 세상에서 오직 당신만이 기록할 수 있는 인생 이야기입니다. 우리네 삶은, 시계 톱니바퀴 돌아가듯 명답과 정답을 넘나들며 쉼 없이 살아간다.' 뒤표지엔 '내 뒷모습은 내 인생의 절반 딱 반반씩 나눈 것인데 번번이 앞만 보고 살았구나. 이 세상에 다시 돌아오지 않는 가질 수도 만질 수도 없는 뒤, 뒤라고 알고 지낸 많은 것들이 실은 진짜 삶이 아닐까 하는 생각이 든다.' 라고 쓰여 있었다.

책을 받고 기쁨에 빠져들었는데 책갈피에 조그마한 쪽지 메시지가 있었다. '저의 인생에 함께하여 주심에 감사한 마음으로 책을 증정하게 되었습니다. 증정함으로써 생기는 사례비는 전액 기부하기로 했습니다. 이점 양해와 부탁을 드리며 저의 마음이 헛되지 않도록 도움 주시면 감사하겠습니다.' 라고 솔직 담백하게 마음을 전하고 있었다. 힘들게 글을 쓰고 큰 비용으로 책을 내고, 증정으로 받은 사례비는 전액 기부한다는 친구의 말이 감동 그 자체였다.

아무나 할 수 없는 마음의 결정, 쉽지 않은 전액 기부 등 내가 생각지도 못한 착한 마음에 감동하며 자서전을 읽어 내려갔다. 태생부터 현재까지 살아온 삶을 써 내려간 친구의 모습에서, 같은 시대를 함께한 나였지만 책장을 넘기며 마주치는 이야기는 뜨거운 감정과 감동으로 다가왔다.

어릴 적 평온했던 시절을 보내고, 사회에 나와서 겪어온 굴곡진 삶, 역경을 이겨내며 살아온 40대 삶, 덤덤하고 우직하게 보낸 50대 흔적까지, 60대 이후의 삶까지도 자신감 있게 써 내려갔다. 지금까지 살아온 '나에게 고맙다' 라는 위로의 말로 마무리가 된다.

시대를 걸으며 살아온 흔적을 간결하고 담백한 자신 이야기를 쓴 친구의 글이다.

사람은 공들인 글을 귀하게 여긴다는 말이 있다. 그만큼 진심을 담은 이야기는 나를 움직이고 큰 감동으로 밀려왔다. 감동은 머리보다 가슴이 움직인다. 차가운 이성보다는 뜨끈한 감정이 작동하는 것이다. 상대와 눈높이를 맞추는 게 관건이다. "당신들 인생은 제가 다 알지는 못해요. 저도 그렇거든요. 함께 시대를 살았고 이것이 나의 삶의 이력서입니다" 이런 콘셉트다. 달리 말하면 감성 영역이고 경험 공유이며 공감 확인이라고 할 수 있다.

세상은 그래도 아직 커다란 감동의 울타리 안에 있다. '감동적인 나눔의 행동'은 그래서 누구나 지닌 꿈이다. 어떻게 해야 사람들에게 감동하였다는 평가를 들을 것인가 보다는 자신을 먼저 펼쳐 보이고 나서 타인과 공유하는 지점이 생성되어야만 한다. 이런 시대적 공감이 없다면 감동 역시 없을 것이다. 감동은 친근감과 관계성에서 나온다.

살아가면서 자신의 이름으로 책을 한 권 남긴다는 것은 인생의 길목에서 무엇보다 값지고 의미 있는 일이라 생각합니다. 내 마음을 담백하게 표현하고 진흙 속에 숨겨진 진주를 찾는 심정으로 혼을 채색하듯 글을 써 내려간 친구다. 시대와 감정의 흐름도 내 것과 적극적으로 호응할 때 감동은 움튼다. 동질 의식 공유, 공감대 형성이야말로 감동의 가장 친근한 벗이라 할 만하다.

3
추억과 결실 _ 가을

3-1
단골 미용실

어떤 처음은 오래 기억된다. 나에게는 미용실에 대한 것이 그렇다. 정확히 이야기하자면 내 머리 손질보다는 처음 미용실 문을 열고 들어가 볼 수 있는 낯선 분위기였을 것이다. 전체적인 분위기가 일반 이발소와 다른 여성들의 숨소리만 들리는 내부 분위기였다. 그래도 이곳 미용실을 이용한 지도 20년이 지났다.

세월이 많이 흘렀지만 변하지 않는 것이 많다. 서로에게 처음처럼 변함이 없는 마음이다. 특별하게 바라지 않고 그렇다고 마음의 경계를 그린 것도 아닌데 항상 이웃처럼 살아온 것이 특별하다면 고마움이다. 온갖 서비스로 실력의 부족함을 포장한 곳보다는 장인의 손길이 숨어있는 전문가를 만날 수 있는 만족감이 그곳을 찾아가는 이유이다.

전에 살던 집 옆 건물에 미용실이 생겼다. 'K 헤어라인' 상호를 내걸고 영업을 시작했다. 상호는 그녀의 이름으로 헤어미용 철학을 담아 지은 것이라고 한다. 그 당시 골목 주변엔 2층 상가 주택이 많았다. 1층엔 주로 미용실, 세탁소, 슈퍼마트, 부동산 등 지역 상권에 대표적인 상징으로 자리를 잡았다.

처음 이곳에 이사를 왔던 시기에 미용실도 개업했다. 옆집 상가에 어떤 사람이 들어 올까? 호기심으로 바라본 기억이 생생하다. 딱히 머리 단정을 위해 갈 곳을 찾던 나였다. 내심 잘됐다 싶었다. 하지만 미용실을 가본 적 없던 터라 문을 열고 들어갈 용기가 나지 않았다.

그날은 왠지 용기를 내고 들어가려고 미용실 문 앞에서 안쪽을 들여다 보았다. 손님이 많았다. 가운 옷을 입고 의자에 앉자 머리 손질하고 있는 손님과, 긴 의자에 앉자 대기하는 손님도 보였다. 대부분 여자 손님으로 가득했다.

출입문 앞에서 들어갈까 말까 망설이다 끝내 포기를 하고 돌아서는데 누군가 문을 열고 나오며 말했다. "손님. 미안해요. 지금은 어려우니 조금 기다렸다가 오시면 어떨까요? 바쁘지 않으시면 안으로 들어와 커피 한잔 드시면서 기다려 주면 좋을 것 같아요"라며 여사장이 정중하게 나에게 말했다.

어쩌면 처음 미용실 문을 열고 들어가 머리를 커트한 유일한 곳이다. 망설임과 걱정으로 가득했지만, 미용실 문턱을 넘고 처음 여자의 손길에 머리를 맡긴 것이다. 낯선 곳에서 적응하기란 진땀을 쏟는 어려운 경험을 거치는 과정과도 같다.

그전에는 일반 이발소에서 머리를 단정하게 했는데 남자가 아닌 여자가 대신해주니 조금은 어색했다. 모든 것이 처음이 어려운 법, 익숙해지면 더 좋은 거니까. 일명 바리깡과 컷트로 머리를 손질

해준다. 시간상으로 빠르게 머리 손질이 끝나는 장점도 있지만, 턱수염과 머리 주변을 깔끔하게 정리 못 해주는 점은 조금 아쉬웠다.

그렇게 나를 선두로 자연스레 아내와 자녀 모두 그 미용실을 이용하게 되었다. 개업 이후 동네에서 소문이 나서 점차 미용실에 오는 손님이 많이 생겨났다. 안되는 것보다 잘되어가는 모습을 보니 기분이 좋았다.

어떤 날은 의자에 앉자 머리를 손질하는데 여사장은 넋두리로 말했다. "가끔 젊은 아이들이 머리를 깎고 난 후 계산하지 않고 도망가는 일이 종종 생긴다."는 것이다. "저기요. 제가 지갑을 집에 두고 왔는데 금방 집에 가서 지갑 가지고 와 계산해 줄게요"하고 나가면 오지 않고 떼이는 일이 생겨 힘이 빠진다고 했다.

손님 스타일에 맞게 정성을 다한 것인데, 마음을 도둑맞는 기분이니 그 심정을 알만하다. "그래도 못난 사람보다 저를 믿고 찾는 손님이 많아져서 기분이 좋아요"라고 말하는 그녀의 마음이 너무 이뻐 보였다. 그리고 손님으로부터 "멋지게 나왔네요. 예쁘게 해줘서 고맙다"는 찬사를 들으면 지금까지 힘들게 달려온 세월을 충분히 보상받은 것만 같다고 고백하는 그녀다.

단골손님도 있지만, 불특정 다수의 손님도 많다. 모든 손님의 마음속까지 알 수 없는 것이 한계다. 마지막까지 머리 손질을 끝내야 손님의 반응이 나온다. '수고했어요, 감사합니다' 라고 말을 하고 수고비를 낸다. 손님 요구에 민감할 수밖에 없고 까다로운 요구에도 불구하고 최선을 다해 그 손님만의 스타일을 만들어내야 한다.

보이지 않는 그녀의 노력이 손님을 감동시킨다. 만족스러운 표정으로 인사하고 나가는 손님을 볼 때마다 직업에 대한 자부심을 느낀다고 말한다. 그렇게 시간이 흘러 어느 정도 자리를 잡았고 사업이 번창할 때쯤, 때아닌 복병이 찾아왔다.

설마설마했던 재개발 바람이 온 동네를 삼킬 듯이 불어왔다. 10년 전부터 재개발 소문이 돌았지만 갑작스럽게 진행이 되어 갔다. 사업시행인가 후분양 절차가 끝나자 대대적인 이주가 시작되었다. 우리뿐만 아니라 옆집 미용실도 다른 곳으로 이주를 해야 했다. 영업보상금이 나왔고 보상금으로 이주할 상가를 찾아야 했다.

재개발 구역 내 사람들은 각자 살집을 찾아 나서야 할 처지에 있었고, 상가 세입자는 보상받은 금액으로 적당한 사업장을 찾아 돌아다녔지만, 보상 금액에 맞고 마음에 드는 사업장은 쉽게 나타나지 않았다. 찾아다니는 발품도 헛수고만 되풀이되었다. 마음에 든다 싶으면 임대료와 권리금이 많아 한숨이 나올 지경이었다.

어쨌든 각자 살 곳을 결정해야 했다. 이주 기간이 길지 않아 이곳저곳을 찾아 나서야 했다. 한때 이웃으로 지냈던 많은 사람이 어딘가로 이주를 시작했다. 우리는 멀지 않은 곳에 아파트로 이사를 했다. 미용실 사장님도 가까운 곳에 상가 임대계약을 하고 떠날 준비를 했다. 다행히 멀리 간 곳이 아니기에 안심이 되었다.

재개발 이후에도 그녀의 미용실에 들러 머리 손질을 받을 수 있고, 이런저런 일상의 대화를 할 수 있어 좋다. 처음 이곳에 와서 알고 지낸 인연이 지금도 이어지고 있다. 단골손님이 되어 한 달에 한 번 그녀의 미용실에 가서 머리 손질을 받고, 지나온 이런저런 이야기를 나누고 온다.

그녀는 새로 입점한 곳에서 어려움도 많았다고 한다. 낯선 곳에서 새로운 손님을 창출해야 했기에 고민이 이만저만 아니었다고 한다. 다행스러운 것은 잊지 않고 다시 찾아주는 단골손님 때문에 늘 감사하다고 했다. 멀리서 버스를 타고 온 손님, 나처럼 가까운 거리에서 찾아오는 이웃 손님, 전에 살던 이웃들이 그녀를 잊지 않고 찾아온다. 단골손님이 찾아와 도와주셔서 자리 잡아가는 데 큰 힘이 되었다고 한다.

그녀는 20년 넘게 운영하면서 실패와 성공을 번갈아 하며 미용에 달인으로 단단한 내공이 생겼지만, 여전히 쉬는 날에도 책들을 보며 연구하고 미용 세미나에 참석하는 등 새로운 도전을 늦추지 않으며 자신을 성장 시키고 있다고 한다. 그녀의 창의적인 노력이 있었기에 손님들의 만족도가 높다.

어떻게 살아왔느냐에 따라 위기를 기회로 만들어 준다. 살아가는 것은 서로 돕고 사는 것이다. 보이는 것이 다가 아니다. 소소한 인연이 더 따뜻한 삶의 기준이 될 수 있다. 머리카락 다듬고 따뜻한 마음 심어주는 그녀는 "손님이 만족해하는 모습을 보는 것만으로도 나 자신이 행복하고 큰 보람을 느낀다"고 말한다.

이주하고 새로운 사업장에서 영업했지만, 얼마 되지 않아 코로나19가 일상을 어둠 속으로 가두고 만다. 코로나가 오래 지속되고 자영업자는 영업이 힘들어지면서 모든 업종이 어려운 경제로 신음을 하게 된다. 이 시기는 언제 끝날지 모르는 상황으로 이어 지면서 정부에서 소상공인 지원금이 몇 차례 지원되었다.

마스크 벗는 날까지 어떤 어려움도, 일상의 무게도 모두 이겨내야 했다. 이런저런 어려운 환경 속에서도 끝까지 살아남았기에 지금 지나온 날들을 이야기할 수 있다. 그때를 생각하면서 오늘도 머리 손질을 위해 그 미용실로 간다. 오래된 단골손님으로, 가까운 이웃으로, 그녀의 헤어라인 문을 열고 들어간다. 그녀는 언제나 밝은 미소로 반겨준다.

한 곳에 얼마를 다녀가야 단골손님일까? 찾아가는 기간과 횟수보다 한번을 찾아가도 마음이 편한 것이 아닐까. 내가 애쓰지 않아도 척척 알아서 내 스타일로 만들어 주는 사람이 아닐까 싶다. 그 분야의 비전문가인 내가 이것저것 고민하고 염려하지 않아도 된다. 한 번에 해결할 수준의 실력을 쌓은 그녀의 헤어 전문가 덕분에 내가 누릴 수 있는 혜택이다.

내가 아는 미용 전문가는 자신 직업에 자부심을 품고 일하기 때문에 얄팍한 상술도 부리지 않는다. 그런 이유로 그녀의 손에 쥔 가위가 아름다운 모습이다. 처음엔 컷트 위주로 했는데 몇 년 전부터는 염색까지 해야 한다. 시간 앞에 나의 머리 모양도 예전 같지 않다. 흰 머리를 염색으로 마무리해야 깔끔하게 정리된다. 흘러간 세월 속에 내가 찾는 멋진 단골손님이 된 셈이다.

3-2
신축

　내가 근무하는 회사 근처에 신축 건물 공사가 한창이다. 땅을 파는 굴삭기와 파낸 흙을 실어 가는 덤프 차량이 보인다. 그곳에서 막일하는 사람, 목공수도 눈에 들어 온다. 지하 3층, 지상 7층 상가 건물을 짓는 공사 현장이다. 신축공사 이전엔 건물이 없는 대지에 유료 주차장으로 운영되었고, 주차장 내 천막으로 만든 포장마차가 철거되면서 신축을 위한 공사가 시작되었다.

　건물 자재 운반을 위해 타워 크레인이 제일 먼저 자리를 잡았다. 지하공간을 확보하기 위해 굴삭기는 쉴 새 없이 흙을 끌어 올리고, 흙을 운반하는 덤프 차량이 줄지어 대기하고 있다. 건물 바닥 기초작업은 무엇보다 중요하다. 기초작업은 공사 기간이 오래 걸린다. 그만큼 건물의 안전성을 확보해야 하므로 신중하고 꼼꼼한 설계와 작업이 필요하다.

　우리의 삶도 마찬가지다. 기초가 제대로 돼 있어야 앞날을 담보할 수 있다. 살다가 잘못되어가면 다시 처음으로 돌아가 기초를 다지는 마음을 게을리하지 말아야 한다. 다시 실패하지 않을 각오로 자신의 밑바탕을 알차게 설계하고, 설계에 따른 노력도 많이 해야 한다.

우리 삶을 집짓기에 비유하기도 한다. 살면서 자기 집을 짓기 위해서는 삶의 주춧돌 쌓기, 삶의 기둥 세우기, 삶의 집 꾸미기, 가치의 집 완성으로 볼 수 있다. 기초작업은 삶의 주춧돌 쌓기다. 삶에 대한 기초적인 단계로 가장 중요한 부분이다. 여기에는 자신의 사명과 비전, 신조, 전략, 분석, 마케팅 등 다양한 계획을 설정하고, 설정에 따른 장점과 위험 요소를 분석함으로써 제대로 된 삶의 기초를 만들 수 있다.

다음으로 어떤 의미의 기둥을 세우느냐가 관건이다. 기둥을 세우는 일은 건물 내부의 행복을 고려해야 하므로 견고하고 튼튼하게 세워야 한다. 자신이 기둥에 부여할 수 있는 의미로 건강, 자산, 저축, 투자, 비전 등 여러 개의 기둥을 생각하며 세워야 한다.

그다음에는 삶의 집 꾸미기다. 건물에 입주한 사람과 건물주가 함께 건물 내, 외의 공간을 꾸미는 지속적 관리가 필요하다. 그래야 건물의 가치가 높아지고 수명도 연장될 수 있다. 마지막으로 지붕이 완성되면, 사랑과 행복이 가득한 나만의 삶이 빛나는 집이 된다.

건물의 안전성은 삶의 안전성과 직결된다. 새롭게 지은 건물에 사람이 함께 공존하며 살아가기 때문이다. 부실 공사는 있어서도 안 되지만 그로 인한 인명 피해는 너무나 크다. 한번 지은 건물은 움직일 수 없다. 한 곳에서 존재하면서 효용의 기능을 다 해야 한다.

지금도 나의 소망은 꼬마빌딩 갖기다. 소망은 간절한데 아직 현실에는 미치지 못한 경제적인 어려움도 있다. 주거용보다는 상가가 매력적으로 보인다. 꿈도 자주 말하면 실현된다. 이런 생각이 멈추지 않으면 가능해지고, 포기하지 않으면 언젠가 도달하게 되어 있다. 강한 마음으로 그리면 꿈이 현실로 이루어진다고 한다.

건물 바닥 기초공사가 한동안 몰아치더니 어느새 지상을 향해 올라온 철근이 보인다. 조만간 지상층을 짓기 위해 층마다 철근 기둥을 세우고, 버팀대로 위층을 지탱하고, 틀로 벽과 공간을 만들고 나면 콘크리트 붓기가 진행된다. '시작은 안전으로 마무리는 정리정돈'이란 현수막이 눈에 띈다. 층이 올라갈수록 건물 공사 안전을 위해 발판을 설치하고, 각종 위험을 예방하기 위한 가림망도 함께 설치된다.

기초공사가 완성되면 지상층 공사는 쉽게 올라간다. 층마다 용도에 맞게 내부 구조를 설계해야 한다. 건물주는 건물 내, 외의 효용성과 가성비를 충분히 고려해야 한다. 어떻게 조합을 만드느냐에 따라 상가의 모습이 달라진다. 이런 집짓기 모습들이 살아가는 우리의 모습과 비슷하다.

우리가 살면서 그냥 놓치고 살아온 것도 있지만, 모든 것이 단순한 것이 아닌 복잡한 관계에서 서로 얽히고설키고, 빗나가고, 때로는 화해하고, 이해하면서 산다. 싫든 좋든 함께 어울리며 살아간다. 이런저런 생각을 하고 보니 한층 한층 올라가는 상가 모습이 좋아 보인다. 나의 미래는 신축 건물처럼 기분 좋은 생각으로 쑥쑥 올라갔으면 좋겠다.

3-3
친구와 동창 관계

　내 맘 같지 않아도 모든 관계는 저마다 건강한 거리가 있다. 인간관계는 공부나 악기 연주와 다르다. 공부나 악기 연주는 연습하면 할수록 더디더라도 조금씩 실력이 나아진다. 그러나 인간관계는 그렇지 않다. 애를 써도 엇나가는 경우가 셀 수 없이 많다.

　그래서 의미는 비슷하지만, 의미가 조금 다른 친구와 동창에 대해 생각을 해 보았다. 한곳에서 오래 사귄 사람, 벗을 친구라 하고, 같은 학교에서 공부하고 같은 해에 나온 사람을 동창이라고 한다. 불알친구는 남자 사이에서, 어릴 때부터 같이 놀면서 가까이 지낸 벗을 말하고, 동창생은 같은 학교에서 공부한 관계를 말한다.

　그런 의미에서 보면 친구는 사람 관계에 있어서 동창보다 깊이가 다르다. 서로 가까운 거리에서 동네 이웃으로 살았다는 사실이다. 이웃으로 살다 보니 친구의 가족 생활환경까지 훤히 알 수 있어

거짓말을 못 한다. 모든 것이 투명하게 보여 거짓말로 포장을 할 수 없다.

하지만 동창은 다르다. 다른 지역 다른 환경에서 배움을 위해 학교에서 부딪기고 어울리며 정기교육을 마치면 함께 졸업한다. 그렇다. 친구처럼 지낼 수 있지만, 친구다운 깊이가 덜 하다. 그래서 동창 모임에 가면 많은 신경을 써야 한다. 말 한마디와 행동까지 신중하게 생각을 해야 실수를 범하지 않는다. 사소한 것에 마음이 상하게 되고 심하면 감정싸움으로 번질 수 있다.

어쩌면 당연한 일인지도 모른다. 친구 모임 때는 환경이 늘 새롭지 않다. 처음부터 알고 지낸 관계여서 무엇을 숨기고 들추는 일이 거의 없다. 이야기 대부분은 가족에 한정된다. 부모님 안부와 자식들 이야기로 대화의 기준이 된다. 하지만 동창 모임에는 가족에 관한 이야기는 거의 없다.

서로 부모님과 자녀에 대한 대화를 나누지 못한 점도 한몫을 한다. 만나면 대부분 본인 이야기만 한다. 지금 사는 자신의 위치만 알 뿐 그 이상도 이하도 알기가 쉽지 않다. 서로 더 알려고 다가서면 나에게서 거리를 두려고 한다. "뭘 알려고 하나, 알아서 좋을 것이 없을 텐데…."라는 표정이다.

힘이 들 때 부르면 어디든지 달려와 자기 일처럼 도와주고 응원해준 친구와 동창이 있는가. 아니면 반대의 경우에 나는 친구와 동창에게 그런 사람이었는가라는 질문을 해 본다. 말은 쉽지만, 서로에게 힘이 되는 사람으로, 서로 의지하며 응원하는 사람으로, 살아가는 것은 생각보다 어려운 일이다.

복잡한 세상 속에서 내가 원했든 안 했든 친구와 동창 같은 모습으로 살아간다. 사회생활과 회사조직에서도 마찬가지다. 친구 같은 동료가 있고, 조심스러운 동창 같은 동료도 있다. 서로 의지하며 속마음을 털어놓을 만큼 가까운 동료가 있다. 이런 관계라면 사회생활은 서로 힘이 되고 삶이 즐거워진다.

하지만 서로 함께 생활하지만, 대화가 거의 없다면 조심스러운 동창 같은 동료도 있다. 함께 일하면 서로 짐이 될 수 있는 관계다. 내가 힘들어한다면 굳이 상대를 위해 노력하기보다는 상대를 인정하는 것이 좋다.

대부분 사람은 나의 기준에 맞추려고 한다. 상대의 기준이 나에게 맞지 않다고 설명하고 애를 써도 상대는 움직이지 않는다. 내 기준이 상대에게는 맞지 않기 때문에 오히려 상대방은 자신의 기준에 맞추라고 큰소리친다. 할 수 없다. 함께 있는 동안 서로의 기준에 적응하며 사는 게 편하다. 서로 성격이 다르고 고쳐가며 살기 힘들기 때문이다.

'고운 친구 미운 데 없고 미운 친구 고운 데 없다.' 라는 말이 있다. 늘 만나는 친구와 동창들이다. 고운 친구, 동창을 원하기 전에

나 자신부터 먼저 노력을 해야 한다. 노력을 다해도 힘든 관계는 빨리 정리하는 것이 좋다. 관계는 우연히 온다. 누군가 올 때는 가벼운 마음으로 받아들이고, 이해타산적인 마음은 금물이다.

친구와 동창 관계는 함께 만들어 가는 과정이다. 과정에서 서로 관심이 있어야 좋은 관계를 유지할 수 있다. 관계는 관심에 있다. 관심은 안 하는 것보다 하는 것이 낫다는 말이 마음에 와닿는다. 후회 없는 인생은 없지만 보람 있는 인생은 있다. 보람 있는 인생이란 예쁜 관계 속에 보람 있는 길을 함께 걸어간다는 뜻도 있다고 본다.

살면서 친구와 동창은 많을수록 좋다. 하지만 시간이 갈수록 하나둘 우리 곁을 떠난다. 가는 인생 잡을 수 없고, 나뭇잎 떨어지듯 이별을 한다. 남아있는 친구가 있다는 것에 감사할 뿐이다. '친구야 고맙다. 그리고 늘 사랑한다' 라고 말하라. 그리하면 친구도 이렇게 응답한다. '나를 친구로 불러줘서 고맙다' 라고.

3-4
우리가 사는 직업 순환

어떤 일이 마음에 들어서 했던 것보다 그때그때 필요해서 일을 시작했다. 긴 안목을 생각한 선택이 아닌 보통 살기 위해 어떤 직장, 다른 직업을 선택하면서 지나온 길이었다. 선택이 많았다고 좋은 삶이었을까? 아니면 한 우물 파서 한길만 선택해 온 삶이 더 좋은 길이였을까?

선택이 많고 적고는 문제가 아니다. 나와 아무런 관련이 없는 선택이 어떤 사람에게는 더 좋은 기회가 될 수 있다는 점이다. 이럴테면 취미나 아르바이트하는 경우다. 그곳에서 일을 하다 보니 자신도 모르는 잠재 능력을 발휘할 수 있는 기회가 있다는 점이다.

사람은 선택을 피할 수 없다. 두 갈래 길 앞에 선 우리는 늘 고민한다. '노란 숲속에 두 갈래 길이 있다. 나는 둘 다 가지 못하고 하나의 길만 걷는 것이 아쉬워' 하는 로버트 프로스트의 시 '가지 않은 길' 중 앞 부분이다.

경제에서는 하나를 선택할 때 포기해야 하는 가장 큰 가치를 기회비용이라고 부른다. 예를 들어 자기 사업을 시작하려고 하는 사람에게는 다니는 직장을 그만둠으로써 포기해야 하는 소득이 창업의 기회비용이다. 즉 기회비용은 가지 않은 길의 종잣돈이다.

누구나 그럴싸한 계획을 세운다. 내 사업을 시작하는 결단은 '기회비용인 기존 소득보다 많이 벌 수 있다' 라는 계획을 바탕으로 한다. 그러나 그 계획은 개업하자마자 깨지는 경우가 많다. 기회비용보다 더 벌기는커녕 돈을 까먹기도 한다. 일단 내 사업을 시작했다면 기회비용을 따지는 '심리적 회계' 는 잊는 편이 낫다.

그보다는 '지금 여기'에 전념하며 축적의 시간을 거쳐야 한다. 기회비용의 관점에서 식당을 운영할 때 드는 비용을 파악하면 실제로 지출된 경비 2억5천만 원에 직장을 그만둠으로써 포기해야 하는 소득 6천만 원을 더한 3억천만 원이 된다. 이는 정합성에 어긋나는데 '기회비용=실제경비+기회비용' 이 되어서다. 또 별개인 두 회계단위에 있고 범주가 다른 두 금액을 더하는 오류를 안고 있다.

돌아보고 평가하는 계절이다. 동시에 다가올 시즌을 계획하는 때이다. 계획은 종종 빗나간다. 그러나 실적이 계획을 웃도는 결과도 나온다. 이번에는 그런 계획을 짜고 실행해보자. 젊어서는 어느

쪽 길이든 선택의 폭이 넓다. 실패해도 좌절해도 다시 시작해도 되지만 후반에 접어들면 선택의 폭이 좁아지게 마련이다. 젊어서의 실패는 성공의 디딤돌이 된다. 그만큼 돌아볼 수 있는 시간과 지혜가 쌓이는 법이다.

따라서 살면서 뒤를 돌아보고 앞을 바라보는 계획이다. 선택의 폭의 설정도 중요하지만, 내가 가장 잘 할 수 있는 것과 끊임없이 시간을 투자할 수 있는 그런 직업이어야만 한다. 세상의 일과 직업이 많이 생겨나고 반면에 사라지는 직업도 많아지는 추세다. 세상에 영원히 존재하는 직종은 없다. 시대에 맞은 직군을 찾고 속도와 방향을 조절해야만 살아남을 수 있다. 그래야 기회비용으로 새로운 삶을 창조하는 기회를 잡을 수 있다.

3-5
빼빼로 데이

11월 11일은 무슨 날인가요? 바보 같은 질문이다. 당연히 법정 공휴일이 아니며, 남녀 구분 없이 빼빼로를 주고받는 기념일이다. 날짜는 하나인데 부르는 명칭, 의미는 여럿이다. 아직은 빼빼로 데이부터 떠오를 것이다. 특정한 날 특정한 상품을 소비하라고 부추기는 '데이 마케팅'의 히트작 상품 일이다.

3월 3일 삼겹살 데이, 4월 14일 짜장 데이, 5월 3일 오삼 데이, 6월 4일 육포 데이는 빼빼로 데이에 명함도 못 내민다. 11월 11일은 또 농업인의 날이다. 가래떡 데이로도 불린다. 그런가 하면 지체장애인의 날이자 보행자의 날, 해군 창설 기념일이자 레일 데이(코레일)다.

롯데제과에 따르면 빼빼로 데이 시즌엔 연간 매출이 빼빼로 매출의 절반 정도 차지한다고 한다. 밸런타인데이(2월 14일)나 화이트데이(3월 14일) 때 초콜릿과 설탕 관련 제품보다 약 20% 더 팔리는 수준이라고 한다. 이를 고려하면 빼빼로 데이는 선물문화가 크게 자리 잡은 날이라 볼 수 있다.

빼빼로 데이 의미는 11월 11일이 빼빼로처럼 기다란 1일이 많은 날을 기념한다는 것과 숫자 1을 닮은 가늘고 길쭉한 과자 '빼빼로' 처럼 날씬해지라는 의미를 담고 있다고 합니다. 그 당시에는 11월 11일 11시 11분 11초에 빼빼로를 먹어야 완벽하게 날씬해질 수 있다는 장난스러운 행동이 전국적으로 퍼졌고 1997년에 롯데제과에서 마케팅에 적극적으로 활용하면서 확산하였다.

빼빼로 데이를 맞아서 빼빼로 안부를 전하는 것도 좋지만 우리나라 법정기념일인 '농업인의 날'도 기리며 가래떡도 나눠 먹는 것은 어떨까요. 여자가 남자에게 초콜릿을 주는 밸런타인데이, 남자가 여자에게 사탕을 주는 화이트데이, 빼빼로 데이는 남녀를 구분 없이 주고받을 수 있다.

빼빼로의 길쭉길쭉한 모양을 본떠 11월 11일이 되었다는 것을 다들 알고 있을 겁니다. 빼빼로 데이의 유래는 1993년 부산광역시 여고에서 시작되었다는 게 정설입니다만 예선 여중이 시초라는 설도 있습니다. 그 지역 여학생끼리 다이어트에 성공해 빼빼해지면 "살 좀 빼자"는 의미로 빼빼로를 나눠 먹는 이벤트였다고 한다.

빼빼로 전날 저녁, 지인이 퇴근하면서 나에게 빼빼로 한 통 건네며 "빼빼로 드시고 힘내세요, 건강하세요"라는 말을 하고 갔다. 선물을 받고 보니 내일이 속칭 빼빼로 날이다. 그녀의 고마움을 생각하면서 가족에게 선물하려고 가까운 편의점에 갔다. 빼빼로 진열대를 보니 여러형태의 모습으로 포장되어 있었다. 한참을 생각한 끝에 몇 개를 선택한 나는 계산대로 갔다.

편의점 여사장은 "어머, 빼빼로 선물하시게요. 누구에게 하실 건가요?, 받는 분은 기분 좋을 것 같아요" 하며 나에게 말을 건넸다. "아 ~ 그게, 우리 식구에게 주려고요" 멋쩍은 표정으로 말하자 여사장은 "아빠가 선물을 준비하는 마음이 참 보기 좋네요" 하며 계산을 했다.

계산하고 난 후 여사장은 빼빼로 데이에 대한 뜻밖의 이야기를 들려주었다. 그녀는 편의점 운영을 꽤 오래 했는데 빼빼로에 대한 의미가 잘못되었고 시간이 많이 지나면서 의미가 퇴색되었다고 아쉬워했다. 그러면서 자신이 알고 있는 빼빼로 데이 의미를 나에게 얘기했다.

본래 막대기처럼 생겨 남자의 의미가 담겨있고, 주민등록번호 뒷자리 앞에 1로 시작되는 것도 한몫하는 숫자라는 것이다. 여기에 더하여 진한 의미는, 우리가 한때 힘들게 겪었던 IMF 때, 감원으로 실직했던 많은 아빠에게 희망을 주었던 말 '아빠 힘내세요. 우리가 있잖아요' 라는 희망의 로고송 울림이 크게 번지면서 지금의 빼빼로 데이가 사랑을 받게 되었다고 한다.

기념을 알리는 데이는 많지만 정작 이 세상 아빠의 데이는 없다. 아빠 데이에 대한 기념과 정설은 없지만 그만한 위치와 가치가 있다면, 아빠데이도 사랑받는 날로 의미 있는 자리로 정하면 어떨까 생각을 해본다.

한때는 어머니날도 있었다. 하지만 지금까지 아버지날은 아예 없었다. 이 땅의 아버지도 가정을 꾸리면서 어머니 못지않게 고난의 세월을 겪지 않을까. 어쨌든 남녀 구분 없이 따뜻한 관심으로 사랑을 전달할 수 있는 행사는 참 좋아 보인다. 단지 상술로 치우치는 것만은 아쉬움으로 남는다. 그래도 빼빼로를 매개로 서로 마음을 전하고 소통하는 그 모습은 정겨운 풍경으로 남는다.

3-6
시험 보는 날

    11월 16일 2024년 대학 수능 능력 시험 보는 날이다. 다행히도 '수능 한파'는 없다. 매년 11월 중순쯤, 고3 학생들의 행사로 수능 시험 하루 전 예비 소집과 다음 날은 본 시험을 치르는 날이자 그들만의 꿈을 실현하는 시간이다.

    이날은 수험생 부모님, 학생은 3년의 세월을 배움을 위해 함께 동고동락하며 보낸 시간이다. 그런 만큼 부모의 소망과 수험생의 꿈을 위한 첫발을 딛는 순간이다. 이번 치러지는 2024학년도 수능 시험을 코로나19 이후 4년 만에 마스크를 쓰지 않은 채 시험을 보게 되었다.

    코로나로 멈춘 행사가 대학 수능 능력 시험 당일 오전 7시쯤 시험장 정문 앞에는 후배들의 응원전이 펼쳐졌다. 4년 만에 '노(NO) 마스크'로 치러지는 만큼, 후배들이 수험생 선배들을 응원하는 문화도 부활했다. 응원단은 선배가 입장할 때마다 "차렷, 경례 선배님들 수능 대박 나십시오" 힘차게 응원을 외쳤다.

3학년 선배들은 "추운 날씨에 후배들이 나와서 응원해주니 고맙다"라며 "지금까지 열심히 노력해왔다고 인정받는 것 같아서 감회가 새롭다. 좋은 결실을 맺고 오겠다"고 다졌다. 이날 도심과 수능학교 정문에는 "여러분의 꿈을 응원합니다"라는 현수막이 걸려 있다.

수험생의 지각 위기와 시험장을 잘못 찾아 경찰에 'SOS' 보낼 경우 경찰은 경찰차 에스코트, 물품 전달 등 수험생 편의를 제공하느라 바쁜 시간을 보낸 하루다. 부모들도 긴장을 늦추지 못하는 날이다. 수험생 자녀가 학교 정문으로 들어가는 모습을 끝까지 지켜봐야 했다.

부모는 30년 전 제가 수능을 치렀다면 "이번에 아이의 차례"라며 "어른이 되는 하나의 과정이니 최선을 다했으면 좋겠다"고 말했다. "아이가 실수하지 않고 공부한 만큼 잘 볼 수 있게 해달라고 기도할 것"이라며 "시험이 끝나고 나면 꼭 안아주고 싶다"며 눈물을 글썽였다.

어쩌면 사는 동안 시험이란 놈은 끝나지 않은 행사일 거라는 생각이 든다. 매 학기 중간시험, 기말시험이 있었고, 직장의 평가시험, 각종 자격증 시험 등 시험에 매달려 함께 했다고 본다. 시험을 통한 삶의 기준이 향상되는 것만은 어쩔 수 없는 현실이다. 각종 시험을 치르면서 자기 능력이 평가되기 때문이며 달리 능력을 평가하는 방법이 없기 때문이다.

자녀를 둔 입장에서 첫째, 둘째까지 수능시험 날 정문까지 데려다주었던 때도 있었다. 시험 날 초조한 얼굴을 하며 아침 일찍 입실

했던 아이들 모습, 데려다주고 기다렸던 긴 시간의 하루, 긴장감과 걱정으로 가득했던 그 날이 오늘따라 새록새록 생각이 난다. 그동안 얼마나 힘들었을까, 표현은 안에도 느낄 수 있었던 자녀의 모습에서, 우린 서로 묵묵히 지켜보고 응원했던 마음 "조금 더 힘내"였다.

공인중개사 시험도 매년 10월 말에 있다. 처음 입문해서 공부한다면 1년은 맛보기로 그냥 보고, 2년째는 1차 시험에 합격하고, 3년 되면 2차 시험에 응시하여 합격하면 최종 자격증을 받을 수 있다. 그렇게 기본 3년 세월을 공부하고 간절한 마음으로 시험장에 간다. "이번에는 꼭 합격"해야 한다는 각오로 입실한다. 이번 시험에서 떨어지면 모든 것이 제로 상태로 돌아가기 때문이다.

예전에는 인터넷 강의보다 중개사 학원에 등록해 동기생들과 함께 강의실에서 공부했다. 강의실을 가득 채운 학생들과 명강의를 해주던 교수님, 중개사 시험에 열중했던 추억이 아련하다. 8월쯤 중개사 시험 응시원서를 신청할 때 학원에서 대신해주었기에 같은 학교에서 중개사 시험을 볼 수 있었다.

중개사 시험 날 시험장 교문 앞에서 응원하는 모습은 비슷하지만 응원하는 대상은 다르다. 먼저 합격한 기수가 후임에게 응원해 주는 뜨거운 광경이 펼쳐진다. 한해 앞서 합격한 기수들은 안다. 그들도 누구 못지않게 힘들게 살며 피나는 세월을 보낸 것과 대부분 나이가 들어 고시에 가까운 힘든 공부를 한 노고를 알기 때문이다.

학교 정문 앞에는 "이번엔 꼭 합격하세요! 정말 마음고생 많았습니다"라는 마음이 담긴 현수막이 걸려 있었다. 선임들은 입실하는 후임에게 따뜻한 커피와 사탕, 초콜릿을 나눠주며 "잘 될 거야. 마지막까지 힘내요" 격려를 잊지 않았다. 오늘 같은 날이면 지나온 자녀 수능시험과 중개사 시험 보던 날이 애틋하다.

　수능 보는 학생이나 중개사 시험을 준비한 모든 분에게 좋은 결과가 있기를 빌어본다. 시험을 마치고 나오는 순간 '안도의 기쁨'이 함께하기를 간절히 소망합니다. 그동안 자신과 싸움에서 쓰러시지 않고 끝까지 완주해 주신 여러분께 오늘이 축복의 날이 되었으면 좋겠습니다. "수고 많았고요. 결과는 대박입니다." 새롭게 출발하는 모든 이에게 큰 박수로 응원을 해 봅니다.

3-7
마음을 전달하는 말

 말은 자신이 뜻을 상대방에게 의미를 전달하기 위한 하나의 도구일 뿐 그 이상이나 이하가 될 이유가 없다. 문제는 그 말속에 무언가를 숨겨 남을 속이고 이득을 취하려는 것이다. 마음을 전달하는 말에는 큰말과 작은말 의미가 다르다는 것으로 볼 수 있다. 알면서도 현실 앞에서는 잘 구분을 못 하고 편한 말만 하며 산다.

 지금은 운전이 필수다. 먹고사는 수단으로 또는 직장 이동 수단으로 차량 운전을 하게 된다. 운전하다 보면 크고 작은 사고에 직면한다. 그런데 이상한 상황을 경험하거나 목격을 하게 된다. 내가 봐도 큰소리치는 사람이 사고를 낸 과실이 많은데 되레 상대방에게 잘못이 크다고 큰소리친다.

 일단 큰소리로 상대방을 제압하려고 한다. 왜냐면 벌어진 사고 현장을 자기 입장으로 유리하게 하려는 수단일 뿐이다. "당신 때문에 내가 피해를 보았다고" 반대의 말을 한다. 그러니 잘못이 없어도 목소리 큰 사람이 설득력 있게 볼일 수밖에 없다. 블랙박스가 없없던 때는 큰소리치는 사람이 많았지만, 지금은 그런 시비는 많이 사라졌다. 사고에 대처하기 위해 차량에 기본으로 블랙박스를 설치하기 때문이다.

마음이 큰 말은 담백해 시비에 구애되지 않고 작은 말은 이러쿵저러쿵 시끄럽나는 내용이다. 따라서 큰 말을 사용하는 사람은 너그럽고 여유롭기에 아름다우면서 힘찬 반면 마음이 작은 말을 사용하는 사람은 시비를 따지고 승리를 쟁취하는데 몰두해 마치 시위를 떠난 화살같이 상대방의 허점을 틈타 시비를 따지기 때문에 큰 상처를 입힌다.

"약한 사람일수록 말을 강하게 한다"고 한다. 지금 당신이 어떤 싸움을 앞두고 있다면 결코 목소리를 높이지 말라. 말이 세고 거칠면 스스로 약하다는 걸 인정하는 꼴이다. 차라리 여유를 갖고 가볍게 말해보라. 분명한 건 어깨와 팔에 힘이 빠져 있을수록 당신이 좀 더 완성된 싸움을 할 수 있다는 사실이다. "왜냐고?" 엉뚱한 한두 마디가 긴장을 풀려는 말처럼 유연한 쪽이 이긴다.

능구렁이 같은 사람은 부드러운 표정 속에 간교함을 감추고, 음흉한 사람은 말속에 함정을 파놓고, 치밀한 사람은 마음을 깊이 감춰 드러내지 않는다. 이들의 말엔 상대방의 마음을 현혹하는가 하면 옴짝달싹 못하게 만드는 재주가 있다.

억지로 꾸민 말, 과장된 말, 잔재주를 부리는 간사한 말, 남을 속이려 하는 말, 남을 억지로 고치려는 말, 협박성이 가미된 말, 이런 말들이 작은 말일 것이다. 진실한 말은 아름답지 않고, 아름다운 말은 진실하지 않다. 우리가 사용하는 말의 이치와 다를 바 없는 의미로 말을 청산유수로 잘하는 사람을 조심해야 할 위험인물이라 말한다.

일부 극소수의 정치인, 사기꾼치고 말 못 하는 사람 없다. 우리는 말 잘하고 지식이 많고 학벌이 좋은 사람을 맹목적으로 신뢰하고 존경스러워하며 그들이 당연히 맞는 말을 할 거라고 믿는 경향이 있다.

이제 진실한 말은 아름답지도 화려하지도 않고 오히려 담백해 시비에 구애되지 않음을 알았으니 이를 맘껏 판단하면서 살아가면 된다. 우리는 하루에도 수많은 말을 하면서 살아간다. 말을 하지 않고는 살아갈 수 없다. 이제 나를 힘들게 하는 말, 남을 힘들게 했던 말을 하지 말고 아껴야 한다.

가끔 친한 친구 사이에도 언짢은 말을 종종 듣는다. "예전보다 얼굴이 많이 상했어, 살이 많이 빠졌어, 어디 병이 있는 거 아니냐?, 머리카락이 많이 없어 곧 대머리 되겠네" 하는 말은 한 사람의 신체 부위 약점을 건드리는 말이다. 물론 걱정해서 하는 말인지 안다. 같은 말을 반복해서 말하면 듣기 싫다. 당사자는 늘 고민하는 중인데 그 심정을 알고나 있는지 상대는 가볍게 말을 던진다. 사람 모습은 누구든 알 수가 없다. 지금 내가 남보다 조금 좋은 상태여서 그런가. 세월 앞에 어떻게 변할지 장담하기 어렵기 때문이다.

작은 말을 구별할 줄 알고 큰 말을 듣고 사용해 마음의 평온과 자유를 얻기를 기대한다. '기운 내세요. 더 좋아질 겁니다' 라는 따뜻한 말 한마디에 얼어붙은 마음이 녹아내린다. 큰 말이라고 해서 무거운 말이 아니다. 가볍게 상대방에게 진심이 있는 말을 전달하면 된다.

이처럼 어떤 사람이 사용하는 말에는 그 사람의 지식과 경험이 포함되어 있으며, 그 사람의 인격까지 드러나게 된다. 건설 현장과 같이 거친 환경에서 살아온 사람은 선택하는 단어나 표현이 거칠 수밖에 없다. 한 직장에서 평생을 보낸 사람은 전공용어가 몸에 배어 일상생활에서 사용하게 된다. 일종의 직업병이다.

직업에 따라 관심 분야나 생각이 다르며, 이것이 말로 드러나기도 한다. 물론 직업에는 귀천이 없다. 우리는 모두 각자의 길에 따라 살아온 것이다. 무의식중에 튀어나오는 말들은 그의 인생을 반영한 것이며, 좋고 나쁨을 따질 생각은 없다. 그러나 "야, 인마"라든지 "이 자식아" 등의 표현은 그것이 욕이 아니고 친근감의 표시라는 것을 알면서도 적응하기 힘들다.

사람은 모두 태어나서면서 부모님으로부터 물려받은 것은 얼굴, 행동, 말, 표정 등이 있다. 그중에서 제일 중요한 것은 표현하는 말이다. 특히 사회생활 하는 동안은 말을 하고 생활해야 한다. 세상에 나만 존재하는 것이 아니라 상대가 있기에 의견을 나누고 대인관계를 유지하기 위해서는 말은 조심스럽고 표현은 좋게 해야 한다. 불친절한 세상에서 자신을 지키며 살아가는 '너와 나'의 이야기일 수도 있다.

3-8
어떤 얼굴

 동그라미 그리려다 무심코 그린 얼굴처럼 문득 생각나는 얼굴이 있다. 하지만 그 사람의 마음까지는 헤아릴 수 없는 내 마음속에 있는 얼굴이다. 어떤 얼굴은 아무리 노력해도 잘 그려지지 않고, 또 어떤 얼굴은 더는 생각하기 싫을 만큼 무겁고 아프게 재현된다. 그리고 또 다른 얼굴은 일부러 생각한 것도 아닌데 불쑥 떠오르기도 한다.
 그 사람을 연상시킬 어떤 상황이나 맥락도 없이 말이다. 그 얼굴이 엄마이다. 보고픈 당신이라 썼다가 지우고, 고마운 당신이라 썼다가 지우고, 잊혀질 당신이라 썼다가 지우고, 오지 않는 당신이라 썼다가 지우고, 불러도 대답 없는 당신이라 썼다가 지우고, 그렇게, 그렇게, 힘들어지고 가슴이 먹먹한 당신이라 썼다가, 이 세상 하나였던 엄마 얼굴이 있음을 알았다.
 그런 엄마의 얼굴에서 많은 마음이 그려지는 것은 당연한 이치인가 보다. 사회생활을 하다 보면 지나간 좋은 일, 그렇지 못한 일이 많겠지만 특별하게 생각들이 그려지는 일은 드물게 보인다. 억지로 생각을 들춰내지 않는 한 쉽지 않은 일이다.

부모 마음은 자식이 부모가 되어 자녀를 키워봐야 알 수 있다고 하는데 뭐든 경험을 하고 나서야 그런 심정을 알듯이 이제야 조금씩 알아가고 있다. 우린 준비도 없이 어른이 되고 보니 자녀의 올바른 교육과 성장을 위한 지식과 경험 부족으로 시작부터 서툰 점도 많았다.

초보운전처럼 생각과 방향을 다르게 질주했다. 그러니 자녀의 마음을 섬세하고 정서적으로 바라본 마음이 아닌 어설픈 마음과 다른 방향으로 안내하는 것을 알지 못했다. 우린 자녀를 키우는 동안 초보운전자가 되어 갈팡질팡 잦은 충돌이 많았다. 시행착오를 겪으며 살다 보니 어린 자식들 마음은 어떤 심정이었을까 하는 생각을 미리 알지 못했다.

그럴 때마다 엄마의 얼굴이 보였다. 엄마도 우리 4남매를 보살피며 키우시느라 고생이 이만저만 아니었을 텐데 생각을 하니 내 마음이 찡했다. 엄마의 사랑 없이는 지금의 내 삶도 존재할 수 없다는 엄연한 사실에, 엄마의 깊은 사랑에 감사를 드립니다. 이 세상의 엄마는 자식 사랑에는 끝없는 정신적 지주다. 잠시 잊힌 얼굴로 남았다가 힘들 때면 마법처럼 나타나 정신적인 힘을 주곤 한다.

눈에 보이는 엄마의 모습은 화려하지도 그렇다고 근심 어린 얼굴이 아닌 어릴 적 보았던 수수하고 자상한 얼굴입니다. 철없는 4남매를 힘들게 키우면서 뭉그러져 버린 가슴에도 화난 얼굴이 전혀 없는 자상한 얼굴로 대했다. 자신보다 자식 걱정하느라 코앞에 위험을 피하며 고수의 운전자 역할을 했으리라.

　꽃다운 16살에 시집와서 아들딸 낳고 키우시느라 엄마의 꿈을 버려야만 했던 엄마. 어쩌면 엄마라는 이유만으로 티 낼 수 없는 눈물의 세월을 보냈으리라 생각이 든다. 엄마는 배움이 짧았지만, 집안 살림과 자식 사랑 앞에선 당신의 지혜를 아끼지 않았다. 삶에 지칠 만도 했을 텐데, 내 자식 앞에서는 "후회 한 점 없으시다"는 말로 내 마음을 달래주시던 예쁜 마음에 눈물이 난다. 그래서 우리 엄마가 이 세상에서 제일 예쁘다.

　그런데 우리 4남매는 엄마 마음을 알고 살았을까. 생각건대 엄마의 마음을 모르고 살았다고 본다. 나 역시 부모가 되어서 알 수 있으니 많은 후회가 남는다. 그 흔한 말 "엄마 사랑해요" 한마디 전하지 못하고 살았으니 말이다. 그때 조금이라도 애정 표현도하고 고맙다는 말도 자주 했었으면 엄마도 심적으로 덜 힘들었을 텐데….

　그래서 부모는 자식에게 채무자라고 한다. 어떤 이유인지는 몰라도 관계가 닮았다고 말한다. 채무자로 자식에게 빚을 갚을 때까지 채무를 이행하는 숙명의 자리인지도 모른다. 그 빚이란 자식에게 줄 수 있는 조건 없는 무한대 사랑일 것이다. 빚이 자식의 앞날을 비추는 빛이 된다는 의미로 본다.

　엄마는 뇌출혈로 갑자기 쓰러져 수술 적기를 놓쳐 제대로 수술도 받지 못한 채 병원 침대에서 마지막 임종을 했다. 내가 엄마 앞에 마주하니 숨을 멈추고 움직이지 않았다. 내가 올 때까지 엄마는 기다렸던 것 같았다. 엄마 손을 잡고 한참이나 울었는데 한마디 하지 않는 엄마가 야속했다. 뭐라고 한마디 할까 봐 엄마 얼굴을 보았는데 말 대신 눈물 한 방울 남기고 떠난 모습이 마지막 엄마의 얼굴이었다.

아직 살아계신 엄마가 있다면 그 사랑을 돌려주고 싶다. 그러나 부모는 자식을 기다려주지 않는다고 한다. 철이 들고 부모가 되어 그 사랑을 주려고 할 때는 우리 곁에 있지 않기 때문이다. 있을 때 잘하라고 하지만 있을 때 잘못하는 게 사실이니까 말이다.

너무 늦게 철이 들기도 하지만 감사한 마음을 전하고 싶은 세월은 너무나 더디게 온다. 혹시 아직 함께 살아가는 엄마가 곁에 있다면 늦기 전에 마음을 전해라. "절 낳아 주셔서 감사해요" 그리고 "이렇게 잘 키워줘서 감사해요" 마지막으로 "내 엄마로 있어 줘서 사랑합니다"라고 꼭 말하길 바란다.

지금 해도 짧은 시간이다. 아니하는 것보다 하는 것이 늦지 않은 효도이다. 내 사랑 엄마는 오래전 우리 곁을 떠나 지금은 보이지 않지만 늘 그랬듯이 오늘도 내 머릿속에 그립고 정겨운 얼굴로 남아있다.

'가끔 꿈속에 오셔서 저를 꼭 한번 안아주세요. 그리고 엄마 많이 보고 싶어요. 사랑합니다.' 오직 가족들 입에 맞난 거 들어가게 해주고 싶은 마음에 몸이 부서지라 일했던 엄마, 평생을 여자로서의 삶이 아닌 엄마로 사는 삶만 있었던 나의 엄마! 그런 이유로 엄마는 어떤 얼굴보다 영원히 지울 수 없는 얼굴이며 내가 살아 숨 쉬는 날까지 내 마음속에 남아있을 '엄마'의 얼굴이다.

3-9
불편함을 견디는 계절

계속되는 무더위에 괴롭다. 입추가 지났음에도 불덩이 열기는 지나갈 줄 모른다. 밤에도 열대야로 편히 잠들기도 쉽지 않다. 봄과 가을은 짧아지고 덥고 추운 날이 길어진 계절을 산다. 몸을 움직이고 살아가야 하는 우리에게 불청객임에 틀림이 없다. 덥다는 느낌은 몸을 지님으로 인해 겪는 불편함 중 하나다.

먹고 살기 위해서는 몸을 움직여 일해야 하고, 일과가 끝나면 피로감이 밀려와 쉬어야 하고, 밤에는 쏟아지는 졸림으로 죽은 듯이 자야 한다. 몸은 지혜로워서 우리가 무엇을 해야 할지를 알려주는 다양한 신호를 보낸다. 덥다는 느낌은 체온이 오르고 있으니 겉옷을 벗거나 시원한 곳으로 이동하라는 신호다.

찜통더위를 벗어나는 대안으로 이제 여름 휴가철이 시작된다. 가장 많이 찾는 곳이 산과 바다가 아닐까 싶다. 자연만큼 우리에게 위안과 휴식을 주는 곳이 없을 것이다. 그런데 이러한 신호를 인식하는 예민성과 그에 반응하는 방식이 사람마다 다르다. 더위를 많이 타서 여름이면 에어컨 바람 속에서 살아야 하는 사람도 있고, 심지어 손 냉풍기를 항상 들고 다니는 사람도 있다. 반면, 무더운 여름에도 달리기하거나 산을 오르며 구슬땀을 흘리는 사람도 있다.

몸을 지닌 대가로 기온이 올라가면 더워서 괴롭고, 기온이 내려가면 추워서 힘들다. 생명이 붙어있는 한 몸을 지니고 살아야 하니, 불편한 일을 겪을 수밖에 없다. 이러한 불편함을 잘 견디면 삶이 살만한 것이지만, 그렇지 못하면 삶은 괴로운 것이 된다. 어쩌면 우리에겐 '고통 감내력'을 시험하고 있는지도 모른다.

결국 더위도 바로 지나가지 않을까 하는 기대와 희망 때문이다. 희망은 우리를 지치게도 하고, 힘을 주기도 한다. '희망 고문'이란 말이 나올 만큼 인간은 희망을 저버릴 수 없기 때문이다. 우린 최악의 조건에서도 본능적으로 희망을 품고 그 희망을 이룰 방법을 모색한다. 이 고통의 시간을 이겨내면 가을이 온다는 '희망 고문'인지도 모른다.

물론 희망이 이루어지는 시점과 모습과 방식은 예측하기 어렵다. 기대했던 희망이 실망을 주기도 하고, 기대하지 않았던 희망이 도움이 되기도 한다. "포기하지 말고 계속 싸우고 이겨내야 한다는 말이다. 시간이 걸려도 괜찮다, 상처투성이더라도 괜찮다. 끝까지 포기하지 않고 견디면 희망은 어느 날 우리 앞에 서 있을 것이다." 어쩌면 우린 그렇게 견디며 살아오면서 그쪽으로 걸어온 삶이 아닌가 싶다.

찜통더위가 길어지면서 "미치겠네" "죽겠네"라는 말을 입에 달고 산다. 숨이 막히고 더위에 지치고 잠도 설치니 오죽하면 이 말이

나오겠는가. 그렇다고 다른 방법이 없지 않은가. 불편함을 견뎌야 한다. 고통 감내력은 삶의 무게를 견디는 심리적 근육이자 스트레스에 저항하는 심리적 면역력이라고 할 수 있다. 근육을 키우려면 운동의 불편함을 견뎌야 하듯이, 고통 감내력을 키우려면 불편함을 피하지 않는 것이 무엇보다 중요하다.

덥지만 견디는 것이다. 불편하지만 피하지 않고 견디는 것이다. 화가 나지만 반응하지 않고 견디는 것이다. 조금씩 점진적으로 견디는 시간과 횟수를 늘리면, 심리적 근육이 강화되고 고통 감내력도 증가한다. 우리의 몸과 마음은 적응 능력을 지니고 있어서, 처음에는 괴롭지만 견디면 점차 참을 만한 것이 된다.

불편함을 대하는 자세에 따라 삶이 달라진다. 불편함을 혐오하고 저항할수록 삶은 더 괴로운 것으로 느껴진다. 나이 들어간다는 것은 몸을 지니고 살아가는 것이 불편한 일이라는 것을 실감하게 된다. 몸이 뜻대로 움직이지 않을 뿐만 아니라 여기저기 통증이 느껴지고 질병으로 치료받아야 할 일이 늘어나기 때문이다. 나이가 들어감에 따라 신체적 불편함뿐만 아니라 심리적 불편함도 늘어난다.

사람들에게 섭섭함을 느끼는 일도 많아지고, 무력함과 초라함을 느낄 때도 늘어난다. 세상의 변화가 불편하게 느껴지고, 젊은이들의 행동이 불쾌하게 느껴질 때도 많다. 그러나 이런 불편함을 견디지 못하면, 남아있는 삶이 괴로울 뿐만 아니라 괴팍한 노인으로 취급될 수 있다. 그러나 불편함을 필연적인 삶의 조건으로 인정하고 수용하면, 삶은 좀 더 편안해진다. '피할 수 없으면 즐겨라.' 라는 말이 있듯이, 더위보다 더한 뜨거움으로 시원함을 느끼는 이열치열(以熱治熱)의 즐거움도 있다.

덥다고 짜증 어린 얼굴보다는 우리 몸을 활력으로 충만하게 하는 웃음과 유머는 돈을 들여 살 필요가 없다. 우리가 웃을 때마다 우리 몸의 세포들은 행복감을 전해주는 엔도르핀 같은 신경전달물질에 젖어 든다고 한다. 이런저런 이유로 불행과 우울감에 사로잡혀 있는 사람이라도 삶의 활력을 주는 폭소 10분과 바꾸기를 거절하는 사람은 없으리. 박장대소할 일이 없을 때도 활짝 웃으라. 웃음은 전염성이 강해 그대 벗들의 얼굴에도 웃음꽃을 피우리라.

중요한 것은 몸과 마음의 불편함을 수용하면서 우리에게 주어진 삶에서 즐거움과 의미를 느끼는 것이다. 행복은 불편함을 견디는 능력에 바탕을 두고 있다. 성격의 차이로 인해 불편함을 견디지 못하는 사람은 깊은 사랑을 나누기 어렵다. 오랜 기간 노력하는 불편함을 견디지 못하면 남다른 성취를 이룰 수 없다. 힘들고 더럽고 위험한 것을 견디지 못하면 오지의 멋진 풍경이 선사하는 감동을 맛보기 어렵다. 불편함을 견디는 능력을 잘 갖춘 사람일수록 인생을 풍요롭게 살 수 있다.

3-10
제2의 고향 인천

　인천에서 살아온 세월도 30년이 지났구나. 사회생활 첫 직장도 이곳 인천에서 시작했다. 땅에 발을 딛고 살아온 삶의 흔적이 많이 쌓인 곳이다. 내 삶의 굴곡과 희망도 여기 인천에서 만들어진 셈이다. 꽃다운 청춘 이후 지금까지 삶의 터전이 되었다. 여기에서 직장을 다니고 배우자를 만나 결혼도 하고 사랑스러운 두 아이도 태어났다.
　삶의 궤도에서 벗어나지 않으려고 애쓰며 달려갔던 현실, 인천이라는 도시에서 시민으로 살아온 것이 자랑스럽고 대견하다고 생각한다. 인천은 내가 태어나고 자란 고향이 아니다. 태어나고 유년 시절과 학창 시절을 보낸 곳은 충북 단양이다. 대학 졸업 후 사회 첫발을 딛고 사회인이 되어 지금까지 삶을 보내고 있는 인천이기 때문이다.
　한 가정을 만들고 사랑스러운 아이들도 태어난 곳, 크고 작은 어려움 속에서도 힘차게 살아보려는 지혜도 생겨났다. 두세 번 잦은 이사도 했고 그때마다 가족을 위한 주거 문제와 생계를 위해 힘겨운 날들을 보낸 삶의 현장이기도 했다. 이 모든 것이 인천이라는 도시에서 살아온 인생의 축소판이 되었다. 그래서 그런지 지금의 인천이 좋다. 그리고 늘 포근하다.

낯설지 않고 걷고 싶은 거리가 있고 쉽게 찾을 수 있는 나만의 공간이 많다. 문화생활과 의료시설 등 주변 도심 구성이 잘 되어 있어 좋다. 특별한 개인적인 주거 이동이 없다면 어쩌면 이곳 인천에서 여생을 보낼 것 같다. 여느 도시보다 인천에서 함께 보낸 세월 속에서 시민의 한 사람으로 자부심도 생긴다. 시민의 삶의 질도 점점 높아지는 것 같아서 기대가 크다.

얼마 전 인천 인구가 300만 명을 넘어 명실상부한 메가시티를 완성하고 있다는 보도가 있었다. 서울과 부산에 이어 세 번째 인구 300만 이상 도시를 완성한 셈이다. 인천이 지난 1981년 직할시로, 1995년 광역시로 전환된 지 40년을 훌쩍 뛰어넘는 일이다. 서울과 부산에서 몇 년 동안 인구가 급감했던 수치와 달리, 인천의 인구 상승세는 눈에 띌 수밖에 없다.

인천지역 인구 유입으로 인한 증가 예상은 2016년 8월 YTN 방송에서 방영했던 기억이 생생하다. 그해 8월 어느 날 인천 YTN 실무자가 나에게 인천 시민 대표로 인터뷰를 해 달라고 부탁을 했다. 방송 나가기 전 녹화촬영을 하면서 시민의 한마디 하는데 진땀이 났다. 고작 10초 분량 내용을 전달하는 것에 불과한데 여러 번 반복하고 나서야 끝이 났다. 난생처음 방송 인터뷰를 막상 해보니 어려운 작업이었다.

그해 8월, 편집되어 지상파로 나간 방송 내용은 이랬다. '인천이 부산에 이어 국내에서는 36년 만에 3백만 도시 눈앞' 이란 제목으로 나갔다. 인천이 오는 11월쯤 인구 300만 돌파할 것으로 보인다고 했고, 인구 감소로 인천이 우리나라의 마지막 300만 도시가 될 가능성이 크다는 이슈로 대대적인 축제 행사를 준비하고 있다고 했다.

시민 대표로 나온 나는 "인천이 인구가 늘어서 우리나라 3번째 도시가 된다고 하니 너무 좋습니다. 그러나 서민들도 잘살 수 있도록 지역경제도 좋아졌으면 합니다"라고 한마디 했다. 뉴스 방송에 나온 내 모습이 신기했고 인천 시민이라서 행복했다.

인천의 인구 순 유입은 전 연령층에서 고르게 발생했다. 그중에서도 20~30대가 많이 들어왔다는 점에서 고무적이다. 인구 확장에 따라 지역 경제 규모도 성장세를 나타낸다. 반면 인구 감소와 지방 소멸을 걱정하는 시대에 '자연적 요인' 인 출생률 면에선 인천도 '국가적 위기' 에서 예외일 순 없다.

이런 몸집 불리기에도 더 이상 미룰 수 없는 과제도 있다는 지적을 받는다. 우선 인천의 인구 확대는 지역 불균형으로 이뤄진 산물로 여겨진다. 수도권 집중화로 인한 풍선효과가 반영된 결과는 아닌지, 서울의 높은 집값 때문에 더 이상 살 수 없어 외곽으로 밀려나는 현상이 아니길 바란다. 원도심으로 분류되는 중구와 미추홀구의 인구 변화는 크지 않은데, 국제도시와 대규모 신도시를 지닌 지자체가 인천의 인구 상승을 주도했다는 분석이다.

여느 대도시에서 보듯, 시민 삶의 질이 얼마나 높은지를 평가 대상으로 삼는 일은 당연하다. 정치와 행정 등의 수준이 시민 기대에 미치지 못하면, 이는 '빛 좋은 개살구'에 불과하다. 인천의 주거 조건은 일부 계획된 신도시를 제외하곤 열악하다는 평을 듣는다. 이처럼 질적 성장이 뒤따르지 않으면, 인천의 300만 인구는 평가 절하될 수밖에 없다. 원도심과 신도심의 균형 발전으로 '세계 10대 도시'를 도약하기 위한 기틀을 마련했으면 싶다.

적정한 인구는 나라를 지탱하는 힘이고 부강한 나라를 만드는 미래의 희망이다. 지금의 출산율은 점점 저출산으로 급격하게 인구 감소 현상이 이어지고 있다. 국가 전체의 인구 감소가 아쉽다. 한쪽으로 쏠림현상은 그다지 좋아 보이지 않는다. 그래서 인구 정책이 무엇보다 중요한 시점이다.

특히 지방 도시와 농촌 지역은 저출산으로 지방 경제 위기와 그로 인한 지역 사회 역시 악화하여 지역 소멸을 걱정하고 있다. 어린이집이 요양원으로 운영되고 초등학교 입학생이 없어 폐교가 늘어나고 있다. 학교 운동장 축소와 인근 주거시설 중 아이 놀이터가 주차장으로 바뀌고 있는 현실이다.

정부는 인구 정책에 매번 실패해 왔다. 1960~1970년대 정부는 인구 증가를 우려를 해 산아제한정책을 펼쳤는데 큰 효과를 거두지 못했다. 그러던 1980년대 고도산업사회 진입과 함께 급격하게 인구가 줄어들자 뒤늦게 산아제한정책을 폐지하고 2002년부터 저출산 대책을 펼쳤지만, 20년 이상 성과를 내지 못하고 있다. 실패한 원인은 어디에 있을까 곰곰이 생각해 봐야 한다.

인구학자 전영수 한양대 교수는 그의 저서 '대한민국 인구 추세'를 통해 "똑똑한 한국 청년들은 효용을 최대화하기 위해 노동, 육아, 여가 시간을 배분할 때 출산은 후순위로 둘 수밖에 없다"고 설명했다. 한국의 고학력 청년들은 출산에 대한 기회비용과 매몰 비용, 전환비용을 철저하게 계산하는데, 소소한 현금 이익 때문에 출산을 선택할 가능성은 낮다는 의미다. 저출산 대책은 복지 대책과도 구분해야 한다. 의료 복지 혜택을 받기 위해 병·의원을 가겠다는 사람이 없고, 장애인 복지 혜택을 받기 위해 장애인이 되겠다는 사람이 없는 이유와 같다.

출산 복지 혜택을 받기 위해 출산하겠다는 청년은 없다. 출산 복지는 필요한 정책이지만, 그것만으로 출산을 늘리지 못한다는 뜻이다. 저출산 해법은 복지보다는 고용과 주거의 문제, 이른바 경제 방식으로 전환할 필요가 있다. 똑똑한 청년에게 현금으로 출산을 유도하기보단, 본인이 주체적으로 출산을 선택할 수 있을 정도로 확실한 미래 환경을 제공해야 한다.

지방과 도시라는 구분이 아닌 하나의 공동체라는 인식으로 접근해 정책을 새롭게 정립해야 한다. 시민이 만족하는 도시가 돼야 한다. 충실한 교육을 받을 수 있는 교육도시, 누구나 접근 가능한 문화시설이 있는 문화도시, 시민들이 언제나 향유할 수 있는 녹지와 공원이 충분한 녹색도시, 원도심과 신도시 격차가 줄고 삶의 다양성과 역사가 함께할 수 있는 평등이 함께하는 안심 도시를 만들어 가는 것이 우선이다.

인구 감소로 인한 불안한 국가 존립을 위해 보다 효율적인 정책이 나왔으면 합니다. 인천은 도전과 개척 그리고 자유의 정신을 대한민국과 세계로 확신한 정체성도 지니고 있다. 무릇 한 도시의 정체성은 그 도시의 가치를 보여주는 역사를 담아야 하고 그 역사는 미래를 지향해야 한다. 그래서 인천의 도시 정체성은 세계로 뻗어가는 확산의 정체성이다.

개척과 자유의 정체성을 품은 역사적 장소이기도 하며 대한민국 산업화 관문으로써 지금도 세계와 통하는 통로 역할을 하는 자부심이 있는 도시다. 인천에 대한 자부심과 자긍심을 갖고 인천이 명품 도시로 발전을 거듭나고 있다. 내 삶의 중심에서 글로벌 명품 도시 시민으로 함께 성장한 인천이 자랑스럽다.

3-11
금지팡이와 흙지팡이

'99881234' 숫자만 있는 노래 제목이다. 요즘 뜨는 미스트롯3에서 열창한 가수를 보면서 그 가사를 음미해봤다. 가사의 내용은 구십구 세까지 팔팔하게 살다가 하루 이틀 삼일만 아프다가 가자는 뜻을 숫자로 표시한 것이다. 건강하고 활기찬 삶을 살고자 하는 바람과 짧은 기간 동안만 아파하고 편안하게 생을 마감했으면 하는 바람을 담고 있는 가사였다. 요즘 세대는 기대수명이 늘어나면서 언제부턴가 '느린 죽음'을 숙명처럼 받아들이고 있다.

앞으로 삶의 나이를 100세까지 바라보는 세상이다. 어쨌든 오래 살면서 아프지 말고 팔팔하게 살아야 한다. 이런 삶을 살기 위해서는 건강이 우선이지만 그에 못지않은 돈이 필요하다. 지금 60대인 1차 베이비붐 세대(1955~1963년생)들은 산업화 시대의 주역으로 20대 초중반부터 '은퇴 후 여유로운 삶'을 꿈꾸며 열심히 일해 왔다.

그러나 정년퇴직을 한 다음에도 두 번째 일자리를 찾아 5~10년 이상 일해야 하는 상황이 됐다. 30~40년 일하고, 정년퇴직 후에도 또 일해야 하는 시대에 살고 있다. 현재 법정 정년인 60세까지만 벌어서는 자녀들을 부양하기 어렵다. 자신의 노후 준비도 덜 돼 있어 일터를 떠날 수 없는 게 현실이다.

정년퇴직 후에도 일하는 70대가 늘고 있다. 정년을 훌쩍 넘긴 나이에도 일의 굴레를 벗어나지 못하는 고령층은 점점 많아지고 있다. 칠순을 넘어 일하는 건 쉽지 않다. 일하고 싶어서가 아니고, 일을 해야 할 수밖에 없는 상황이라면 고달프고 힘들다. 생애 주된 일자리에서 퇴직한 중장년층이 이전 직무와의 연속성이 단절된 '육체 단순노동' 등으로 이동하고 있는 것이다. 여기에 저숙련, 저임금 일자리에 종사하고 있으니 경제적으로 힘들 수밖에 없다.

돈을 모으는 것은 어려운 일이다. 하지만 돈을 모으면 좀 더 행복하게 살 수 있다. 그리고 재테크를 통해 돈을 더 효율적으로 운용할 수 있다. 그러면 꼭 필요한 돈을 어떤 방법으로 모을 수 있을까. 단순하게 생각해보면 쉬운 방법은 저축하면 된다. '무리하지 않으면 저축을 할 수 없다' 라고 생각하는 사람이 많다.

하지만 무리한 저축은 금물이다. 여유가 없는 상태로 저축을 하게 되면 저금한 돈을 찾아 쓸 수밖에 없는데, 이러한 상황이 되면 자신도 모르게 신세 한탄을 하게 된다. 저축을 생활화하려면 저축금액이 조금씩 늘어나는 즐거움을 맛봐야 한다. 이는 곧 저축의 동기부여가 된다.

저축을 통한 자산을 안전하게 불려 나가는 재테크 방법이다. 저축을 잘하는 사람은 재테크에 관한 관심이 높다. 가장 기본적인 방법은 소득 중 일부를 저축하여 투자하는 것이다. 이 외에도 투자 상품을 잘 파악하고 분산투자를 하는 등의 전략을 적용하여 수익을 극대화할 수 있다. 또한, 부동산, 금융 등 분산투자 상품을 잘 이해하고 분석하여 자신에게 맞는 투자 방법을 선택하는 것이 중요하다.

문제의 본질은 빈부 격차다. 소득·자산 상위 고령층은 청년이나 고령층 중년층보다 풍족하다. 반대로 하위 고령층은 근로 가능한 신체적 빈곤 상태에 놓이기도 한다. 고령층에서 소득 격차가 유독 벌어지는 건 생애 일자리 차이가 시간이 지날수록 크게 작용하기 때문이다.

아마도 좋은 일자리를 가졌던 사람에겐 기회가 계속 있지만, 저소득층은 추가로 일할 여건이 조성되지 않는다. 거기에 몸까지 안 좋아진다고 가정하면 육체 근로를 통한 소득을 아예 기대할 수 없는 것이다. 자산 격차도 소득 격차로 이어진다. 고령으로 갈수록 임대. 이자 수입 등의 재산소득이 전체 소득에서 차지하는 비중이 크다.

지난 정부에서 부동산 가격마저 가파르게 상승하면서 고령층의 자산 불평등은 최근 들어 더 심각해졌다. 단독가구를 기준으로 소득인정액 월 213만 원까지 기초연금을 받을 수 있다. 소득인정액은 불과 5년 전만 해도 137만 원이었다. 어느 정도 경제력을 갖춘 중상층 노인에게까지 혜택을 받는 것은 과하다는 주장이 나오는 배경이다. 한국은 근로소득이나 재산소득이 높은 비중을 차지하다 보니 노인 세대 내 불평등이 크게 나타나는 것으로 볼 수 있다.

인천 남동구 구월동 임대아파트에 거주하는 김모(72) 씨는 이른 아침부터 리어카에 폐지를 싣고 이곳저곳을 힘들게 끌고 다닌다. 주섬주섬 폐지를 얇게 정리해서 차곡차곡 쌓는다. 새벽마다 도심 주택가에선 낯익은 광경이다. 고생을 놓지 못하는 모습이 애달프다. 요즘처럼 푹푹 찌는 날씨에는 더욱 그렇다. 어르신들은 왜 폐지를 줍는 걸까. 결론은 삶이 팍팍하기 때문이다.

폐지 가격은 kg당 50원이다. 새벽부터 구월동 일대를 돌면서 폐지를 리어카에 가득 쌓고 끈과 고무바로 묶고 나면 사람 키보다 높다. 김 씨는 "기초생활보장 수급자로 월 100만 원가량을 받지만 자신 몸이 안 좋아 치료비로 들어가는 고정비용만 월 20만 원"이라며 "폐지를 주워 하루 많이 벌어야 5,000원이지만 그마저도 절실해 그만둘 수가 없다"고 말했다.

반면 대학 졸업 후 은행에서 10년, 부동산 실무 경력 20년을 보낸 강모(78) 씨는 인천의 한 실버타운에 살고 있다. 실버타운 주거비용으로만 월 100만 원이 나가지만 강 씨에겐 부담스러운 금액이 아니다. 그는 송도에 있는 건물에서 임대료만 월 800만 원을 받는다. 강 씨는 "실버타운 내에서 수채화, 수필, 사진 강의를 듣고 친구들과는 정기적으로 모임을 한다"며 "늦게 배운 것들이 너무 소중한 일이 되었다며 늦더라도 자신만의 특별한 작품을 만들고 싶다"고 말했다.

사람은 누구나 젊은 시절에 해보고 싶었지만 정작 못했던 취미를 나이 들어서도 즐기고 싶어 한다는 사실을 깨닫게 된다. 하지만 시간이 지날수록 고령층의 빈부 격차가 크게 벌어질 것으로 보인다. 전 세대에서 가장 빈부 격차가 큰 건 이른바 '수저론' 이 대두한 청년층이 아닌 고령층으로 '금지팡이' 와 '흙지팡이' 로 구분되는 셈이다.

지원 대상을 보다 축소하면서도 소득 지원이 가장 필요한 저소득 고령층에게는 더 많은 기초연금을 제공하는 것을 고려해야 한다. 노인이 가난하다는 전제에서 벗어나야 한다. 빈부 격차가 문제인데 정책 초점이 노인 세대의 가난으로 맞춰지고 있어서다. 주변에 혼자 사는 사람이 많다. 미혼, 비혼 등의 싱글족, 고령화로 인한 홀몸 노인 등 나 홀로 사는 사람이 부쩍 늘었다.

다양한 연령층에서 1인 세대가 증가하고 있다. 젊어서도 혼자 살고, 늙어서도 혼자 사는 시대가 됐다. 이런 현상이 대두되면서 전체적인 사회도 변화하고 있지만 부족한 게 많다. 기존 인구 및 복지 정책이 결혼해 자녀를 낳은 부부 위주로 설계돼 있어 경제적으로 취약한 노령층은 철저히 소외돼 있다. 물론 출산과 고령화 대책은 그 무엇보다 중요하다.

'99881234' 가 소망에 그치지 않으려면 그에 못지않게 건강한 노후를 위한 삶을 더 젊고 더 건강하게 살 수 있는 구체적인 노력이 필요하다. 여기에 노령기에 가장 필요한 것은 지속 가능한 일자리다. 일함으로써 사회 기여와 자아실현이 가능한 일이다. 오래 앓다가는 '느린 죽음' 대신 재테크와 건강의 사전 대응 접근법에 따라 살아간다면 뜻밖의 행운이 찾아올 수도 있을 것이다.

우린 태어난 출발선은 같을지 몰라도 황혼을 지나가는 중간 지점에서 부와 삶의 격차는 사람마다 존재한다. 마음만 먹으면 누구든지 부와 삶에 차이를 줄일 수 있다. 단순히 돈을 모으기만 해서는 목표한 금액에 도달하지 못합니다. 지출을 파악하고 구체적인 자금 계획을 세우는 것만으로는 부족하다.

목표를 이루기 위해서는 재테크 관련 공부를 하면서 동기를 부여하고 스스로와 대면하려는 자세도 필요하다. 아직 구체적인 목표를 세우지 못했다면 전문가의 힘을 빌리는 것도 하나의 방법일 수 있다. 가장 행복한 인생은 늙지 않고 일 많이 하는 사람이다. 행복한 내 노후를 위한 평생 즐길 수 있는 취미생활과 꾸준히 여행 다닐 수 있는 체력을 만들어 두자. 노령층 삶을 위한 우리의 노후 앞에 '당신의 통장에는 얼마의 돈이 있습니까?' 라고 스스로 현명한 질문을 할 때다.

3-12
공간의 눈

《 포토 에세이 》

길거리를 걷다 보면 눈에 띄는 매매 광고 전단이다.
"빌라 급매"라는 제목으로 전주대에 붙어있다.
그냥 지나치려고 하다 왠지 낯설지 않다.
처음 부동산 걸음마 했을 때
나도 저렇게 만들어서 도로와 골목을 다니며

수없이 붙이고 다녔다.

누군가는 구 주택을 새롭게 리모델링해서 이렇게 광고를 하고
다른 누군가는 광고를 보고 전체적인 내용을 꼼꼼하게 살핀다.
그런 다음 마음에 들면 전단 아래 전화번호로 전화를 한다.

대부분 시민층이다.
월세 및 전세로 사는 사람들이 주로 연락이 온다.
여러 번 이사로 어려움을 겪고 있는 고객이다.
그러니 이참에 내 집 마련이 좋을 것이란 기대와 심리가
움직이기 때문이다.

대부분 연식은 조금 오래된 주택이지만
저렴한 매매 가격과 주택 내부 수리로 새집처럼 만든 주택에
그나마 만족을 느낀다.
"귀한 1층 나왔어요"
엘베가 없는 주택으로 나이든 어르신이 선호하는 층이다.
그래서 귀한 1층이라고 광고를 한다.

광고를 보고 전화가 왔다고 한 번에 매매가 성사되지 않는다.

고객과 미팅한다고 가정하면 광고 전단 물건과 비슷한 물건을
적어도 3개 이상 준비를 해야 한다.
고객과 만나 물건을 보여주고 나면 적어도 3시간 정도 소요된다.

물건을 많이 보여주면 좋을 것 같지만
꼭 그런 것이 아님을 알게 된다.
고객이 어떤 집이 좋은지 기억이 나지 않고
선택의 혼선만 가져온다.
가격도 흔들리고 집마다 장단점이 있어
쉽게 결정을 못 하는 경우가 있다.

내가 가지고 있는 물건이 많아야 한다.
그래야 각자 성향이 다른 고객들의 마음을 움직일 수 있다.
새로운 물건이 없으면 아무리 많은 고객이 방문해도
중개해 줄 방법이 없다.
좋은 물건은 결국 좋은 눈을 가진 사람에게 간다.
좋은 눈은 자신이 좋아하는 물건에 관한 관심과
사랑이 깊어야 가질 수 있게 된다.
사들이지 말아야 할 물건을 알아보는 눈이
어쩌면 더 좋은 눈인지도 모른다.

하여튼 새로운 물건을 많이 만들고
광고도 여러 방법으로 활용을 해야 한다.
그만큼 열심히 물건을 찾아내고, 쓸모 있게 새롭게 만들고,
잠재적 고객을 창출해야 하는 광고 시대에 살고 있다.

이 광고로 누군가와 만나 계약을 할지 알 수 없지만
어떤 모습으로 만날지에 대한 기대감이 마음을 설레게 한다.
똑바로 바라볼 수 있는 눈이 있어야 살아가는 공간이 이해된다.
누군가는 예쁘게 물건을 만들고 눈에 띄는 광고를 한다.
부지런히 발품을 팔아가며 애쓴 보람이 있기를 기대해 본다.

3-13
당구 게임

"당구 얼마 치세요?"라고 누군가 묻는다. "글쎄요" 확실하게 대답을 못 하는 경우가 많다. 왜냐하면 꾸준한 평균 실력이 없다 보니 당당한 수치를 말할 수 없다. 그만큼 당구를 칠 기회가 없었다는 것이 사실이다. 함께 어울리는 친구라면 묻지 않아도 알지만 처음 만난 상대방이 묻는다면 망설이게 된다. 당구 실력도 꾸준하게 했으면 몰라도 어쩌다 가끔 게임을 하다 보면 기존 실력도 발휘하지 못하는 경우가 허다하다.

하지만 어쩔 수 없다. 매번 실력이 나아지지 않으면 속상하기도 하다. 몸은 기억하지만, 실력은 늘 그 자리에 정체되어 있다. 정말 당구를 취미로 했다면 몰라도 가끔 해보는 기회여서 게임이 늘 낯선 기분이다. 누구나 그렇듯이 특별한 생각 없이 시간을 보낼 수 있어서 당구장으로 간다.

특히 정기모임 등이 있을 때는 편을 나누어 당구 게임을 한다. 단지 상대방을 이기기 위한 게임을 하게 된다. 그렇게 진행되면 상대방을 방해하는 말과 행동이 거칠어진다. 제발 상대방이 실수하기를 기대한다. 너무 잘 치면 "본인 실력을 낮게 놓고 우리를 속이고 친다고." 야유로 야단법석을 떤다. 스포츠 게임은 솔직하고 당당하게 대결해야 한다.

대부분 본인의 실력을 낮게 말한다. 왜냐면 상대방도 그렇게 생각하여 말을 하기 때문이다. 나도 지금까지 그런 생각을 하며 게임을 했는지 모른다. 일단 한 게임을 하고 나면 서로 실력을 알게 된다. 그다음 게임은 정상적인 실력으로 진행되어 간다. 스포츠는 처음엔 모든 어렵다. 왜 처음 해보는 것이라 그렇다.

내가 처음 당구를 접한 시기는 85년도, 아마도 대학 3학년 시절로 기억난다. 동아리 선후배와 처음 당구장에 갔다. 처음 가본 곳에서 실전 게임을 할 수 없어 일명 게임 점수를 봐주면서 어깨너머로 당구를 배웠다. 4구 게임이었는데 당구대 위에서 공이 왔다 갔다 하는데 정말이지 신기했다. 공에 사람 눈이 있는지 다음 목적 공을 향해 가서 정확하게 맞추고 있었다.

큐로 공을 어떤 부분에 초점을 두고 치느냐에 따라 방향이 달라졌다. 아슬아슬하게 스치는 공의 움직임이 신기하고 짜릿했다. "당구에 관심이 높아지면, 방바닥에 누우면 천장에서 당구공이 움직이는 모습이 보인다"고 후배가 우스갯소리로 말했다. 처음 그 말이 무슨 뜻인지 몰랐다. 초보 점수 30부터 시작하고. 그다음 50에 턱걸이할 때쯤, 방에 눕고 천장을 쳐다보니 실전에서 했던 당구공이 이곳저곳으로 굴러가는 것이 보였다. "아! 그 말이 맞네"하며 머릿속으로 그림을 그렸다.

4구는 많은 사람이 즐기는 인기 종목이다. 물론 잘 치기 위해서는 많은 연습이 필요하다. 4구를 잘 치기 위해서는 무엇을 해야 할까? 당구는 정신적 요소가 크게 작용하는 심리 스포츠라고 할 수 있다. 그래서 항상 침착한 판단을 유지하고 상대방의 도발이나 방어에 흔들리지 않아야 한다.

초보자들이 가장 흔히 하는 실수 중 하나는 '삑사리'(헛치기)인데, 이는 실점으로 이어질 수 있으며, 팀이나 자신의 기운을 떨어뜨릴 수 있다. 삑사리(헛치기)의 원인은 다양하지만, 안정되지 않은 다리, 습관적인 동작, 과도한 회전 욕심 등이 있다. 삑사리(헛치기)를 자주 경험하는 분들은 이 세 가지를 염두에 두고 연습하면 크게 개선될 수 있다.

또한, '분리 각'은 4구에서 매우 중요한 요소이다. 당구 용어 분리 각은 정확한 공의 두께와 충돌에 대한 이해가 필요하며, 초보자들이 쉽게 익히기 어렵다. 분리 각은 공의 세기와 회전에 따라 달라지므로, 많은 경험과 시도가 필요하다.

하지만 사람이 어찌 완벽할 수 있겠는가? 자신이 완벽하지 않았다고 책망하지 마시고 지금부터라도 하나하나 고쳐서 누구에게나 서로서로 좋은 기분으로 경기에 집중하고 마칠 수 있도록 말조심, 행동을 조심했으면 한다. '좋은 매너를 가진 사람'이라는 평을 듣는 그런 사람이었으면 좋겠다.

기분 좋게 당구치는 꿀팁! 몇 가지를 얘기하자면 게임 중 훈수를 하거나 가르치려 하지 않기, 끝난 후 간단한 설명 해주기, 경기에서 진 후 변명하지 않기, 행운의 득점 시 상대방에게 미안하다는 인사 하기, 게임이 잘 안 풀릴 때 상대 선수가 부담을 가질만큼 크게 자책을 하지 않기, 주변 경기에 지장 줄 만큼 큰 목소리로 말하지 않는다.

마지막으로 3구의 당구 규칙을 살펴보자. 실제로는 3구를 치는 것이 어렵다. 3구는 적색, 흰색, 노란색 공이 각각 하나씩, 총 3개의 공을 사용한다. 당구에서 선공을 결정하기 위하여 공이 맞은편 쿠션에 조금 더 가까이 친 쪽이 선공을 얻는다. 여기서 이긴 사람이 흰 공을 수구로 사용하며, 쿠션을 3번 이상 맞추고 득점해야 한다.

당구의 모든 것 예술의 극치를 맛볼 수 있는 게임이 3쿠션이다. 세계의 프로 선수들이 겨루는 프로당구 게임을 채널을 통해 볼 수 있다. 정교한 스트로크로 정말 숨 막히는 게임을 보면 믿기 어려운 작품이 나온다. 상상 그 이상의 예술이 나온다. 그들은 오랜 시간을 당구와의 싸움에서 정상을 향해 실력을 쌓고 또 연습을 거듭한다. 어쩌면 그런 일상이 최고를 위한 몸부림일지 모른다.

탄탄한 구력으로, 요령으로 프로당구에서 살아남기 위해 생존을 놓고 경쟁한다. 그런 이유로 그들은 서로 다른 프로 선수와 진출 티켓을 걸고 실력을 겨룬다. 프로는 냉정하고 실수를 용납하지 않는다. 그래서 헛치기와 파울을 범하는 경우가 거의 없다. 치는 자세와 매너는 프로에서 나온다. 그들이 당구의 정석을 보여주는 셈이다.

파울은 다음과 같은 경우에 해당되며, 파울 시 공격권이 상대방에게 넘어갑니다. 옷이나 손으로 공을 건드린 경우, 큐로 상대방의 공을 건드린 경우, 수구나 목적구가 완전히 멈추기 전에 수구를 친

경우, 양쪽 발이 바닥에서 모두 떨어진 경우, 큐미스가 발생한 경우, 큐로 수구를 2번 이상 친 경우 등이다.

그런데 나쁜 자세가 좋은 자세보다 우리 마음에 더 강한 영향을 미친다. 사람은 긍정적인 것과 부정적인 것을 공평하게 받아들이지 않고 부정적인 것에 더 많은 관심을 기울인다. "나쁜 것은 좋은 것보다 강하다"라는 말처럼 부정 편향은, 개인의 삶뿐만 아니라 사회 현상에도 영향을 미친다. 우선 사람들은 이득보다 손실에 더 민감하다. 또한, 인간은 좋은 일보다는 나쁜 일을 더 잘 기억한다.

'은혜는 물결에 새기고 원한은 바위에 새긴다' 는 말이 있듯이, 은혜는 쉽게 잊어도 원한은 가슴속에 오래오래 간직한다. 인간은 타인의 강점보다 약점에 더 예민하다. 그래서 상대의 약점을 드러내어 공략하는 이유도 여기에 있다. 원만한 게임을 위해서는 상대방의 단점보다 장점을 응원해 주는 배려가 있어야 한다. 상대를 배려하는 행위는 나를 위해서도 좋은 일이다.

우리는 누구나 주어진 상황에서 나름대로 최선의 삶을 살아왔다. 되돌이킬 수 없는 지난 삶에 대해서는 나쁜 것보다 좋은 것에 주의를 기울이며 따뜻한 시선으로 바라볼 필요가 있다. 행복은 주어지는 것이 아니라 발견하고 발굴하는 것이다. 자신의 삶을 평가할 때 다른 사람과 비교하는 것은 공정하지 않다. 인생의 출발점이 다르고 삶의 환경이 다르기 때문이다.

과거의 삶이든 현재의 삶이든 그 속에서 긍정적인 측면을 발견하고 긍정적인 의미를 발굴하고 노력하는 것이 지혜롭다. 행복은 받는 게 아닌 찾는 것이고 현재의 삶 속에서 긍정적인 의미를 찾아야 한다. 나쁜 습관을 고치고 좋은 습관과 배려를 마음속에 꼭 두어야 하는 이유다.

변화의 빠름과 느림이 있을 뿐 모든 것은 변한다. 자연도 변하고, 사회도 변하고, 우리 인생도 변한다. 이러한 변화를 어떻게 받아들이고 대처하느냐에 따라 우리의 인생도 달라진다. 이런 이유로 당구는 '인생 축소판' 처럼 우리의 삶을 대변하고 있는지도 모른다. "오늘은 실수 없이 잘 치고 기분이 좋다." "그래 이 맛이야!" 당구 게임을 끝내고 밝은 미소를 보내며 당구장을 나왔다.

3-14
똥꼬야

"똥꼬야 ~ 똥꼬야 ~" 무슨 이름이 이럴까. 누군가의 이름을 부르는 목소리다. 들려오는 쪽을 유심히 바라보았다. 지나가는 애들도 없다. 내가 못 본 사이에 어린애가 지나갔나 싶었다. 그 목소리는 점점 내게서 가깝게 들려왔다. 드디어 할머니 한 분이 내 앞을 지나가며 또다시 "똥꼬야 이리 와, 얼른 엄마한테 와"하며 급하게 불렀다. 똥꼬는 못 들은 척 주차한 차량 사이로 숨바꼭질하며 돌아다녔다.

지금은 애완견 수가 천만이 넘는다고 한다. 그만큼 사람과 함께 하는 시대에 살고 있다고 본다. 어느 곳에 가도 흔히 볼 수 있는 풍경이다. 가정집에서, 길거리에서, 공원에서, 차 안에서 장소 가리지 않고 반려견이라는 개념으로 함께 지낸다. 처음엔 낯선 모습에서 지금은 그저 자연스러운 느낌이다.

가끔 도심에서 운전을 하고 가던 중 신기한 광경을 심심찮게 본다. 개가 운전을 하고 있다고 착각이 드는 차량을 볼 때다. 아, 자세히 보니 운전석 창문에 붙어 있어 운전하는 사람이 잘 보이지 않았다. 사람 옆에 꼭 붙어 있고 다리를 밖으로 내밀고 있는 모습이 자연스럽게 보인다. 이런저런 상상을 하며 귀엽다는 생각도 잠시 '갑자기 창문 틈새로 뛰쳐나가면 어쩌지? '운전자의 시야를 가리면 어쩌지?' 하는 걱정이 된다. 차 운진하면서 참모습은 아닌듯했다. 반려견과 함께 차량을 이용할 때는 안전 운전이 최우선이다. 사고 예방을 위해 차에선 반려견과 잠시 떨어져 있을 결심이 필요하다. 반려견이 아무리 좋아도 안전사고도 생각해야 하지 않을까 싶다.

아직 우리 집은 애완견을 키우지 않는다. 애완견이 싫어서가 아니라 남들처럼 동물 사랑이 없어서도 아니다. 내 식구 돌보는 시간과 가정 살림이 넉넉하지 못한 이유다. 경험하지 못해 이해는 다 못해도 적어도 집안 내에서는 사람들 냄새가 좋다. 가끔 지인들 집에 초대받고 가면 그 집에서 나는 냄새가 그다지 안 좋았다. 지인들은 모르고 있지만 적어도 나는 그 냄새로 음식조차 먹기 힘든 시간을 보내야 했다.

그 냄새를 어떻게 표현해야 할까. 적당한 표현을 할 수 없다. 쉽게 표현하면 그 집에서 빨리 나오고 싶은 마음이 앞섰다. 그렇다고 애완견에 대한 경험이 없는 것은 아니다. 5년 전 막내 처제가 해외여행을 간다며 우리 집에 맡겨 놓고 간 적이 있다. 보름 정도 '츄이'라는 강아지를 돌봤다. 방도 좁지만, 츄이가 오고 난 후부터 정신이 없었다. 방 반 정도를 추이가 차지했다. 강아지 집, 오줌과 똥을 위해 깔아 둔 종이, 수시로 물 빨아 먹는 물통 거치대 등 갓난아이 키우는 정도의 공간을 차지했다.

아이들은 츄이를 좋아했다. 정작 나는 그렇게 이쁜 손님이 아닌 느낌이었다. 강아지와 집 안에서 함께 한다는 것 자체가 이해되지 않았다. 전에 식당을 했을 때, 집 앞에 강아지 네 마리를 키웠다. 천둥이, 구름이, 진돌이, 진순이 등 일명 집을 지켜주는 역할을 했다. 집 밖에서 키울 때는 큰 고민이 없었다. 하지만 집 안에 있으니 마음이 이상했다. 처음이라 어떻게 해야 할지 몰랐다. 어설프고 난감했던 기억이 난다.

혹시나 아무 데나 실례를 하지 않을까. 마음이 조마조마했다. 츄이는 나하고 친해지려고 엉덩이를 들썩이며 두 발을 치켜들고 애정 표현을 했다. 나와는 반대로 아이들은 츄이와 함께 하면서 즐겁게 지내고 있었다. 츄이랑 조금 친하게 될 때쯤, 처제가 휴가를 보내고 츄이를 데리러 왔다. 나와의 교감도 잠시였다.

츄이는 처제를 보자마자 온갖 애정 표정을 하더니 우리 집에서 떠나갔다. 츄이가 떠난 자리를 정리하면서 조금 아쉬운 마음이 있긴 했었나 싶어 피식 웃음이 나왔다. 처제 품 안에 있는 츄이에게 "그래. 잠시 머물렀던 정보다 주인의 품을 그리워하느라 애 많이 썼다"라고 한 마디 건넸다.

요즘은 결혼해도 아이 낳기보다 애완견을 키우는 부부도 많다. 아이보다 애완견을 키우는 것이 대리 만족일지도 모른다. 홀로 여생을 보내는 어르신도 대부분 비슷한 생각으로 강아지를 키우는 점도 비슷하다. 왜냐면 자식들이 결혼해도 손자 손녀를 낳지 않기에 손자 손녀 대신 애완견을 키우며 외로움을 달래고 있는지도 모른다. 우린 언젠가는 혼자가 된다. 홀로 선 삶에서 그나마 위로와 기뿜을 주는 그 역할이 애완견이 아닐까.

　예전엔 어르신들은 손주 손녀를 안고 나와 자식 자랑과 손주 손녀 예쁜 모습을 보며 이런저런 이야기꽃을 피웠다. 지금은 예전 모습을 보기가 드물다. 일상처럼 봤던 모습들이 늘 아쉽다. 갓 태어난 아이의 울음소리는 들리지 않고 애완견 짖는 소리는 더 많이 들린다. 아이 소리보다 강아지 모습이 더 자연스러운 세상이다. 각자 키우는 강아지를 안고 나와 이름을 부르고 애교를 받으며 더 많은 시간을 보낸다. 이런 일상이 어르신들의 기쁨이라면 반려견 역할로 자리매김할 수 있을 것이다. 똥꼬야! 엄마 사랑 많이 받고 서로 행복했으면 좋겠다.

3-15
회갑 여행

    길동무가 좋으면 먼 길도 가깝다고 한다. 또한 사람은 서로 어울리며 살아야 깊은 정이 쌓인다. 사십 년 지기 친구들이 살아온 삶의 모습이 아닐까 싶습니다. 한울타리 모임을 온전하게 만들기까지 많은 어려움도 있었지만 웃음이 가득한 기쁨의 날도 함께 있었다. 이런저런 일들이 생기고 없어지는 일상이 반복되어온 지난 세월이었다. 2년 전 회갑 여행을 준비한 덕분에, 올해 5월 2박 3일 기간을 회원 전원이 중국 칭다오로 여행을 갈 수 있었다.

    해외여행을 가기 위해 처음 여권을 만들었고 여행 경비를 쓰기 위해 달러 환전도 했다. 처음 해외여행이란 생각하니 새삼 나의 마음을 설레게 했다. 몇 년 전 여권을 만들 수 있었지만, 해외여행 기회를 놓치고 말았다. 여권은 해외여행 기회가 있을 때를 위해 사전에 준비하는 것이 기본인데, 여태껏 여권을 만들지 못한 점이 아쉬움으로 남는다. 그렇다. 사람은 해외여행 기회가 없다면 준비도 없는 셈이다.

해외여행은 난생처음인지라 아내와 딸이 많은 걱정을 한다. 걱정하면서도 여행 가방 속에 넣을 물건을 챙기느라 분주하다. "자기야! 이건 필수품인데, 갈아입을 옷 3벌, 치약 칫솔 세트, 양말 3개, 화장품, 면도기, 겉옷 3벌, 비상약 등등 이 자리에 있어, 꼭 잊지 말고 찾아 써요, 꼭 확인해"라고 말한다.

"자기야! 중국 음식이 입에 맞지 않을까 싶어, 컵라면 3개, 커피믹스 50개, 종이컵 50개 정도 넣었으니 친구들과 나누어 먹어요"라고 조목조목 알려 준다. 이런 모습을 보니 어릴 적 소풍 갈 때 어머니가 챙겨주던 손길이 생각났다. 딸은 환전한 돈을 따로 관리해야 한다며 얇은 지갑을 구매해서 나에게 주었다. "아빠. 환전한 지폐 지갑에 넣어 봐요. 달러 금액 차액별로 구분해서 넣고 사용하면 편리해요"라고 말한다.

여행 전날 여행 준비물 정리하고 잠자리에 들었다. 다음 날 아침 8시에 콜택시로 인천 공항으로 향했다. 인천 공항에서 집결하는 시간은 오전 9시 45분이다. 늦어질까 걱정을 했는데 공항에 도착해 보니 한 시간 정도 여유가 있어 안심되었다. 나보다 일찍 온 친구도 있었다. 그렇게 집결 시간이 다가오자 나머지 친구들이 하나둘 이곳으로 모였다. 2시간 정도 탑승 수속을 받고 12시 15분 산동항공 편으로 중국 청도를 향해 비행을 시작했다.

약 1시간 40분 비행 후 오후 1시 5분쯤 청도 공항에 도착했다. 도착 후 2시간 정도 출국심사를 마치고 나오니 '한울타리회' 팻말을 들고 있는 남자 한 사람이 보였다. 그 사람이 우리 일행을 맞이하러 나온 여행가이드였다. 그를 따라 공항을 빠져나오니 38인승

버스 기사가 우리를 반기고 있었다. 일단 버스 짐칸에 각자 가져온 여행 가방을 모두 넣고 첫 일정 코스인 칭다오 맥주 박물관으로 출발했다. 이동하는 도중에 가이드는 목적지에 대해 간단한 설명을 했다. 다음 코스 이동에 따른 소요 시간은 평균 1시간 이상 걸린다는 말도 일러준다.

칭다오 박물관은 백여 년 이상의 역사를 가진 맥주 역사박물관으로 칭다오의 역사적 명소와 박물관을 탐방하는 여행 코스다. 청도에 가면 칭다오 맥주를 꼭 먹어야 하는데요. 특히 맥주 시음할 때 주는 땅콩 안주가 있어 맥주 맛을 제대로 느낄 수 있었다. 기억에 남는 관광지 중에 하나로 바로 칭다오 맥주 박물관이다. 규모와 걸맞게 내부에는 예전 칭다오의 모습부터 현재까지의 맥주 역사 변천사, 그리고 다양한 제품들을 볼 수 있다.

1시간 정도 둘러보았을 때쯤 맥주 시음하는 곳이 나왔다. 1인당 1잔씩 맥주가 받아서 마실 수 있다. 그 맛을 보려고 온 사람으로 가득했다. 낮에 먹는 맥주는 맛있다. 맥주가 참 부드러웠고, 함께 마시는 즐거움도 있으니 뭐니 뭐니 해도 맥주 시음이 최고 아니겠는가? 다양한 맥주까지 시음할 수 있어서 더할 나위 없이 좋지 않았나 싶다. 그래서 칭다오는 도시인데, 우리에겐 도시보다는 맥주 이름으로 더 알려져 있다. 누군가 중국 청도에 여행한다고 한다면, 칭다오 맥주 박물관을 꼭 들러보라고 추천해 주고 싶다.

시원하게 맥주 시음을 하고 다음 코스는 전신 마사지 받으러 갔다. 이곳까지 오느라 모두가 몸도 마음도 피로에 지쳐 있던 시간이었다. 여행가이드가 한마디 한다. "마사지는 다음 날 일정이었는데, 오늘의 피로를 풀고 아직 남은 일정도 잘 소화해야 한다"며 여행 일정을 변경하여 전신 마사지 받으러 이동한다고 했다.

중국에 온 것도 처음이고, 중국 마사지도 처음인데…. 방 안으로 들어가 앉으니 안마의자 같은 느낌이랄까요? 주무르고 두드리고 문지르고…. 90분 마사지 받는 동안 "악~ 악~" 앓는 소리가 입에서 나왔다. 마사지 받기 전 가이드는 마사지 받으면서 아파서 견디지 못할 때는 "아파" "살살"이라고 마사지에서 말하면 다 알아듣는다고 했다. 마사지로 온몸이 싹 풀리는 기분으로 저녁 식사를 하러 양꼬치구이 식당에 갔다. 오늘 하루가 힘들고 배도 많이 고파서 그런지 엄청나게 쉼 없이 구워 먹느라 손과 입이 바빴다. 양꼬치엔 칭다오! 맛도 최고! 라는 말이 그냥 하는 소리가 아닌 듯했다. 원 없이 고기로 배를 채우고 나오니 밤 9시였다. 이제는 우리가 묵을 숙소인 풀먼 칭다오 즈위에 호텔로 갔다.

칭다오 둘째 날, 아침 식사를 호텔에서 기분 좋게 배를 채우고 나와서 유명 브랜드의 찌모루 짝퉁 시장에 갔어요. 일명 값비싼 유명 브랜드 제품을 모방한 것으로 저렴하게 구매할 수 있는 '짝퉁 시장' 이다. 중국은 짝퉁 시장이 유명하다 하니까 구경 한번 하러 갔는데 아직 이른 시간이라 오픈한 가게가 없었다. 잠시 오픈을 기다리릴 겸 근처에 한국인이 운영하는 카페에서 아이스아메리카노 한 잔씩 하며 기다렸다.

카페에서 모처럼 시원한 음료를 마셨다. 원래 중국은 따뜻한 물만 마신다고 한다. 어딜 가도 냉장고를 볼 수 없는 이유다. 그러니 한국인의 카페에서 마시는 시원한 맛은 최고였다. 얼마 후 주변 가게 문이 열렸다. 예전 동대문 밀리오레 보듯이 호객을 하고 있었다. 매장에 들어가니 확실히 물건이 많았다. 좋은 구경했고요. 한번 가게에 들어가면 문을 잠가놔서 중국 상인들이 무섭기도 했다.

찌모루 짝퉁 시장을 뒤로하고 5.4 광장으로 갔다. 5.4 광장은 1919년 일본 침략에 항거한 중국 시민운동을 기념하는 광장이다. 5.4 광장은 바닷가에 있는 공원으로 제일 유명한 조형물이 있는데 정말 붉고 혁명적이었다. 조형물로 가는 바닷가 산책로가 정말 잘 되어 있어서 너무 좋았다. 주말이라 많은 사람으로 가득했다. 붉은 조형물 앞에서 기념사진도 찍었다.

낮보다 밤에 불빛이 비쳐서 조형물이 더 신기하다고 했다. 신기한 모습을 보지 못하고 저녁을 먹기 위해 한국인이 운영하는 삼겹살집으로 버스는 시동을 걸었다. 삼겹살 먹는 저녁 시간이 어쩌면 마지막 여행 일정의 밤이었다. 삼겹살에 소주 한잔 목에 넘기니 온몸이 싹 풀리는 기분이다.

술 한잔 목을 적시고 분위기도 좋아지자 진영구 회장이 술잔을 높게 들고 건배사를 외친다. '청바지!!'라는 건배사다. '청춘은 바로 지금부터~~' 모든 친구는 목청이 터져라 "청춘은 바로 지금부터~" 세 번 복창했다. 삼겹살 식당이 떠나갈 듯 외치고 보니 왠지 한국의 삼겹살 식당에서 먹고 있는 분위기로 착각할 정도였다.

여행 일정의 마지막 날이 밝아왔다. 아침 일찍 호텔에서 식사하고 청도 공항에서 가까운 베이징올림픽 기념 세기 공원에 갔다. 칭다오 청양에 있는 세기 공원은 칭다오 단체 관광으로 오시는 분들 마지막 코스이거나 첫날 코스이기도 하다. 세기 공원은 2008년 베이징올림픽을 기념하기 위해 만들었는데 그래서 공원 안에는 베이징올림픽 매달 선수들 종목과 이름이 적혀있다.

　공원이 정말 커서 산책으로도 한 시간 이상 걸리는데 공항 출국 시간을 앞둔 터라 다 둘러보지 못하고 발길을 돌렸다. 칭다오 청양 세기 공원 운석은 현재 중국에서 두 번째로 큰 운석이라고 한다. 좋은 기운 받고 산책도 하고 잘 지내며 세기 공원을 마지막으로 여행의 마침표를 찍었다.

　2박 3일 회갑 여행 일정 동안 아침 식사는 숙소 호텔에서, 점심과 저녁 식사는 맛집에서 입맛을 즐길 수 있었다. 여행 일정은 촉박했지만 나름대로 회갑 여행의 즐거움과 만족은 최고였다. "노세노세 젊어서 노세 늙어지면 못 노나니" 노랫말이 새삼 느껴진다. 회갑 여행을 마치고 집에 도착하니 저녁이다. 온몸이 한 짐이고 피로가 쌓인다. 내 집이 안식처로 최고지만, 그래도 여행은 즐겁다. 앞으로 살면서 추억이 될 거니까. 같이 가는 여행길에 절친이 있어 고맙고 행복하다. 여행 일정 동안 어려움 없이 통역 길잡이 역할을 해준 연수 친구에게 고마움을 전한다. 어쨌든 아무런 사고 없이 다녀온 시간 속에, 행복한 여행과 즐거운 추억을 선물 받은 좋은 여행이었다. 야호! 내 마음이 즐겁다. 우리들의 회갑 여행 이야기는 여기까지입니다.

3-16
시(詩)가 있는 공간

두 개의 시간

우린 시간을 기다리고
끝내 흘려보냅니다
이렇게 기다리고 흘려보내는
시간을 반복합니다

차 막히고 애인 기다리고
맛집에서 줄 서고
영화 관람 기다리는 게
버리는 시간이 아닙니다

내 마음과 멀다고 서로 등지고
영영 안 볼 것처럼 미움으로
먹칠을 하는 게
진짜 버려지는 시간입니다

기다림에 시간은
사치가 아니라 순수함이고
미움의 시간은
순수함이 아니라 사치입니다

3-17
나를 사랑하는 법

　청명한 하늘, 선선한 바람에 걷기 좋은 날씨이다. 모처럼 기분 좋은 발걸음으로 인천대공원을 산책한다. 자연의 경치가 물씬 느껴진다. 알록달록 물든 단풍이 산책길을 더욱 풍요롭게 해준다. 집에서 가까운 곳이지만 자주 찾아 산책을 위한 시간을 갖지 못했다. 사람은 가까운 곳보다 먼 곳을 찾아 나서는 경향이 있어서 그런가 보다.

　한참을 걷다가 분수대가 보이는 곳에 앉아 단풍으로 갈아입은 주변 산을 바라본다. 저마다 고운 단풍들이 나를 바라보라고 한껏 뽐내고 있다. 나를 바라보고 한 번이라도 사랑의 시선으로 머물러 주길 바란다. 너무 곱고 색다른 단풍에 시선과 마음이 풍덩 빠진 나를 발견한다.

　그러다 문득 이런 생각을 하게 된다. "그럼. 나를 사랑한 적이 있는가? 나를 사랑한다면 이들처럼 색다른 그 무엇이 존재하는가?"라는 질문을 나에게 해본다. 지금까지 나보다 일을 더 사랑했는지도 모른다. 나보다 생계를 위해 싫든 좋든 일을 더 많이 했으니 자연스럽게 일을 사랑 했으리라. 그러다 보니 나를 소홀하게 생각하고 가볍게 취급하며 살아올 수도 있다.

이전에는 행복해지려면 일부터 해야 한다고 생각했고, 비우는 것보다 채우는데 더 몰입했다. 이것이 내가 구축한 '정석 생활법'이었다. 저녁형 인간이 아닌 아침형 인간으로 사는 일반형 삶이었다. 그러나 그 이후의 삶의 속도와 방향은 다르다. 지금에 귀중한 삶의 변화는 '나를 사랑하는 것' 이다. 가장 쉬운 방법은 거꾸로 생각해보는 습관이 일상이 된 것이다.

내가 행복해지려면 나를 먼저 사랑해야 하고, 채우는 것보다 비우는 것에 우선해야 한다. 쉬운 일은 아니다. 그만큼 생각 자체를 매 순간 놓치지 말고 실천해야 한다. 가령 나를 '의도적으로' 손님처럼 대접하고, 한 해에 몇 번 꺼내 쓰지 않는 가장 좋은 손님용 찻잔을 꺼내 나를 위해 일상적으로 쓰는 것이다.

혹여 깨질까 봐 쓰지 못하는 걱정은 '나 자신'을 귀한 손님으로 환대하는 마음으로 덮는 것이다. 지금 내가 가지고 있는 건강, 얼굴, 명석함도 언젠가는 손님처럼 내 몸을 떠날 것이기 때문이다.

예전 우리 할머니 세대는 대체로 이런 삶을 사셨다. 옷장 속 깊이 모셔 두고서 생각나면 꺼내서 만져보고, 펼쳐만 보고, 둘러만 보고, 석삼년이 가도록 그러다가, 늙어지면 두고 갈 것 생각 못 하고 살았다. 보공(補空)은 관 속의 망인이 움직이지 않도록 채워 넣는 것을 말하는데 결국 가장 아끼던 좋은 옷은 보공이 되고 말았다.

그러니 지금의 형편껏 자신을 사랑하는 일은 중요하다. 누군가를 사랑하면 그를 귀하게 여기고 존중하게 된다. 존중할 때는 사랑하는 사람한테 그렇듯 끊임없이 묻게 된다. 자신을 사랑한다면 자신에게 물어라. 나 자신이 누구보다 더 잘 알고 느끼면서 문제를 해결하려고 노력한다. 나와 살아온 세월이 마냥 예쁘게만 만들어 주지 않았다.

세월은 나와 함께 곁에 있으면서 고된 풍파 속에서 힘든 강을 건너며 동행을 했다. 그러니 세월의 흔적이랄까 나의 소중한 몸도 예전보다 체력이 떨어져 가고 있다. 어쩌면 당연하고 다시 세월을 거슬러 가는 방법은 없다. 그렇다면 지금부터가 제일 중요한 순간이고 자신을 사랑하는 시간으로 만들어야 한다. 노년의 삶이 불편하고 그만큼 현실적으로 머지않은 미래에 다가오기 때문이다.

왕성하게 성장해야 할 때 성장했기 때문에 밀도를 응축해 결실을 볼 수 있는 계절이다. 때에 맞게 성장하고, 익어가고, 열매를 맺는 것이 마치 우리의 인생과 같다. 가을은 한 호흡 쉬어가기에 좋은 계절이다. 힘껏 달리기만 했다면 한 번쯤은 자기 삶을 뒤돌아보는 시간도 꼭 필요하다.

근데 이상하리만큼 앞만 보고 갈 줄만 알지 언제쯤 쉬어가는 줄 모른다. "이상하다. 왜 지금 당장은 쉬지 못합니까. 언제 쉴 수 있을까?"라는 말이 훅 들어온다. 계속 달려가기만 하기에는 인생은 매우 짧고 무상하다. 하지만 현실을 살아가고 있는 우리도 끊임없이 무언가를 추구하면서 달리기를 멈추지 않는 것은 아닌지 모르겠다.

하나를 채우면 둘을 채우려고 하고 둘을 채우면 셋을 채우려고 하는 것이 인간의 본성이기 때문이다. 끝없이 채우려고만 하는 탐욕 때문에 마음은 늘 괴롭고 공허하다. 이제는 밖으로만 치닫던 마음을 안으로 돌려 스스로 돌아봐야 할 시간이다.

　채우려고만 했던 탐욕 때문에 가려진 진짜 마음으로 돌아보기 위해 잠시 멈추고 호흡해보사. '금 가운데 가장 귀한 금은 바로 지금'이라고 했다. 지금 실재하고 있는 우리 자신보다 소중한 존재는 없다. 이 순간 이 자리에 진정한 주인공으로 행복하게 살고 있는지 돌아보는 좋은 계절이자 나를 사랑하는 시간임을 알려준다.

4
내가 본 세상 _ 겨울

4-1
택배 기사님

 "안녕하세요. ○○ 택배입니다. 몇 층, 몇 호 올라갑니다"라고 말을 건네고 바쁜 걸음으로 택배 주인을 찾아 배달한다. 세상 어느 곳이든 찾아가는 이름하여 택배를 업으로 하는 사람들이다. 각종 물건을 택배 차량에 싣고 이른 아침부터 쉼 없이 배달을 위해 뛰어다니는 일이다. 두 손에 물건을 들고 목적지에 배달하거나 손수레에 가득 물건을 쌓고 엘리베이터를 이용하며 배달하는 그들이다.

 이곳에서 직장 생활을 하다 보니 적잖게 많은 택배 사장들을 만나게 된다. 그중에서도 매일 마주치는 CJ 택배 유 사장의 일하는 모습이 인상 깊게 눈에 띈다. 그는 아침 7시부터 지정된 물류 터미널에 가서 택배 물건을 받고 배송 일머리를 정한 뒤 차량에 물건을 차곡차곡 정리한다. 택배 운송은 1t 탑차로 이동한다. 탑차에 물건을 정리할 때는 먼저 배송할 물건은 뒤쪽에, 나중 배송할 물건은 맨 앞에 쌓는다. 그래야 배달 시간을 줄일 수 있고 잠깐의 휴식 시간을 벌 수 있다.

택배 물류 과정의 명칭이다. 허브는 해당 시/도/군/동에서 접수된 물품이 영업소/지점/대리점을 통해서 모이게 되는 곳입니다. 여기서 다시 각 지역 시/도/군/동으로 분류되어서 이동하게 되는 물류 터미널이죠. 배송 과정에서 기업이나 고객이 보내는 택배 물건을 택배업체에서 직접 운송하여 한 곳에 모아두는 장소를 집하장이라 한다.

그들도 사람인지라 배송 과정에서 고객과 감정싸움도 있다고 한다. 그 이유는 대부분 배송 지연과 물건 파손이라고 말한다. 고객에게 도착하기까지 여러 번 이동 과정에서 물건이 분실되거나 지연 또는 파손될 수 있다고 하니 그럴 수도 있다. 유 사장은 지나온 불미스러운 일과 속상한 마음을 나에게 말했던 기억이 난다.

배송 과정에서 예상하지 못한 상황이 발생하면, 만족스럽지 않은 얼굴로 감정을 갖고 말하는 고객과 다툰 적도 있다고 한다. 그럴 때마다 사람이 싫어서, 피하고 싶어서 택배를 그만두어야 하나 고민도 했다고 한다. 결국, 택배도 사람이 하는 일이다. 좋음과 싫음이란 내가 마련한 기준에 불과하며, 이를 잣대로 삼아선 안 될 일임을 잊지 않으려 한다고 했다.

하지만 자영업 택배 팔 년 차에 이르러 이제는 제법 극복했다고 말한다. 쉴 새 없이 일하는 바람에 몸도 힘들지만, 무엇보다 무례한 고객들 탓에 스트레스가 컸다고 한다. 이런 업종에 일하는 사람들이 이해하기 어려운 각양각색의 피해를 겪고 있어 마음이 어지럽고 힘들 때가 많았다고 한다. 내가 듣고 보니 수긍이 간다.

자신 스스로 이해의 폭을 넓히고 고객과 진심으로 소통을 하려고 노력한 점이 일에 큰 도움이 되었다고 한다. 특히 자신의 완고한 태도를 버린 덕분이라고 덧붙인다. 그들은 불친절한 세상 속에서 좋음과 싫음이 반복한다는 관점과 달리 고객을 대하는 밝은 마음과 친절로 이웃을 보살피는 사람이 되려 한다고 말한다.

이 말은 고객과의 믿음의 문제로 파악하고 더 가깝게 다가서는 모습이 있다고 한다. 서로 그러할 것이라는 걸 알고 믿고 다가서면 그럴 가능성이 크다는 말이다. 즉 "그런 믿음이 있어야 내 행동으로 나온다"라고 한다. 그런 생각으로 배달을 하다 보면 고객에 대한 특별한 만남의 시간을 갖는 기분이라고 한다. 또한 고객을 대할 때 자세를 보면 마치 이전에도 나를 알던 사람처럼 스스럼없이 서로 감사의 인사를 나눈다.

가끔 내가 주문한 물건을 내 집 출입문 앞에서 마주할 때, 배달된 물건을 받는 동안 느꼈던 감사에 대한 공감이 열려 있다는 느낌이다. 실은 자주 그런 느낌이 온다. 다른 곳에서도 그 믿음은 그대로 전달될 것 같다. 짐을 들고 오가는 곳마다 서로의 곁을 지나가며 웃고 인사하는 그 모습, 믿음으로 찾아가는 사실만으로도 훈훈하게 만드는 일상이 그들만의 속마음일 것이다.

특히 명절 전 2주간은 그들에게는 택배와 전쟁을 치른다. 물량이 넘치니 하루에도 두세 번 터미널을 왕복하며 배달 물량을 소화한다. 하루 24시간이 부족하여 새벽까지 일을 마무리하고 나면 온몸이 녹초가 된다. 또한 배송하다 보면 중간마다 택배를 보내는 물건까지 챙겨야 한다. 챙겨온 물건을 집하장에 가서 내려놓고 와야 하는 힘든 직업인 셈이다.

누구나 일은 생계 수단 그 이상이다. 일이 없으면 삶이 없는 것이다. 결국 일을 하지 않는 것은 생계를 포기하는 것이다. 우린 자신의 피곤함을 잊을지언정 일은 결단코 놓지 않고 오히려 더 부여잡고 가야만 한다. 자고로 편안한 일만 추구하면 자신의 진정한 업을 잃는다. 하지만 업을 추구하면 일은 자연스레 따라오는 법이다. 그러니 일자리를 좇고 찾아 헤맬 것이 아니라 지금 하는 자기 일에 충실하자. 그러면 일도 그 본연의 업을 찾아오게 마련이다.

실제로 겉모습만 봐서는 하는 척하는 것인지, 진짜 하려는 것인지 헷갈릴 때가 있다. 차이점은 목표를 이루기 위해 '하는 척이라도 하는 것'이 '아예 하지 않는 것'보다 낫다고 생각할지 모른다. 하지만 하는 척만 하다 보면 그 생활 자체가 습성으로 굳어져 사람의 내면을 망가뜨린다. 그런 자기 모습에 스스로 속아 넘어간다. 어떤 일을 성취하기 위해 최선을 다하고 있느냐와 제대로 하겠다는 의지가 있느냐가 관건이다.

세상은 나날이 급속으로 발전을 거듭하고 있다. 일상생활에서 물류 확대 기능은 우리 삶 곳곳에 파고들어 인간의 편리성을 대체하고 있음을 보여준다. 각종 미디어 수단과 온라인으로 주문한 물건을 쉽게 구매할 수 있다. 문명의 발전은 삶의 편리성을 보장하지만, 깊은 배려와 감사의 마음은 오히려 찾기 어려운 씁쓸한 현실이다.

모든 일의 관계에서 소통의 기본은 존중이다. 이러한 사회적 시스템에 대한 신뢰도 소통 없이는 백약이 무효이다. 직접 받아 볼 수 있는 편리함을 연결하는 그들에게 배려와 감사의 마음을 표현하는 노력이 있어야 한다.

　오늘을 사는 택배 사장들은 '하는 척' 하는 자세는 없다. 그들은 그렇게 소중한 시간을 열심히 뛰고 땀을 흘리며 살아간다. 그런 모습에서 '진짜 애를 써 봐야만 실패해도 얻는 게 있다' 라는 당당한 삶의 자세다. 하는 척, 노력하는 척, 그렇게 소중한 시간을 '척' 으로 보내면 결국 껍데기만 남게 된다.

　그러니 하려고 했으면 끝까지 하고, 말려면 처음부터 하지 말아야 한다. 그 사이 중간선은 세상 어디에도 존재하지 않는다. '하는 척' 만큼 위험한 것이 없다는 진리를 그들에게서 배운다. 사람은 반하기도 하고 변하기도 한다. 주어진 일에 최선을 다하는 유 사장 모습이 최고로 아름답다. '척' 하지 않는 겸손이 몸에 밴 그가 참된 일상을 풍성하게 만드는 길임을 알려준다.

4-2
도전보다 빛나는 메달은 없다

 사람은 나이를 먹으면서 주름이 늘어나고 소나무는 철갑을 두른 듯 두께를 늘린다. 세월만큼 파이고 더께가 앉는 일은 끊임없는 삶의 여정들의 시간이 쌓인 것이다. 질감에서 느껴지는 우직함과 자연이 녹여낸 움직임! 우리의 삶도 어느 날 문득 시간의 표정에서 멀리 걸어왔음을 깨닫게 된다. 그럼에도 오늘도 우리는 그냥 걸어가는 것이다. 어쩌면 그것이 도전의 흔적일 것이다.

 도전과 메달은 스포츠에만 있는 것이 아니다. 우리의 삶도 도전과 실패의 연속이다. 도전하다 보면 잘 될 것 같지만 또 다른 실패를 겪게 된다. 예상하지 못한 갖가지 실패를 맛보고 나면 도전에 자신감을 잃게 된다. 그럴수록 그 실패를 패배시키며 끝끝내 포기하지 않는 의지로 과감하게 이겨낼 수 있는 용기가 꼭 필요하다. 도전을 포기하지 않고 끝끝내 이겨낸다면 인간 승리의 메달을 건질 수 있다. 도전을 위한 마음의 첫걸음은 '할 수 없어, 안돼'에서 '할 수 있어, 돼!'로 자신감으로 충전을 해야 한다.

누구나 일을 통해 자기 능력을 인정받고 사회에 기여할 수 있으며 자신의 가치를 발견하고 자립할 수 있는 기회를 얻을 수 있다. 단지 도전으로 인해 불편한 점이 있다면 다른 방식으로 가능한 것을 찾으면 된다. 이는 할 수 없는 것이 아닌 방법이 다를 뿐이다. 더 많은 도전을 통해 불가능을 가능으로 만들고, 자신의 경쟁력을 높일 수 있는 좋은 기회임을 알게 된다.

실패를 자양분 삼아 제2의 인생 시작점 앞에 서 있다. 좀 더 나은 삶을 사는 사람은 자기다움, 여유와 배려, 조심스러움, 성찰, 경청. 겸손 등을 갖고 있다. 실패가 성찰되는 인생의 큰 덕목이다. 끝까지 한다는 것은 "결코 꿈을 포기할 수 없다"는 실천의 도전일 것이다. 그렇게 우린 끝까지 간다. 끝까지 간다는 것은 비록 미완성일지라도 슬프도록 아름다운 것이다. 그것이 진정한 인간의 본 모습이 아닐까 싶다.

"두려움을 용기로 바꿀 수 있다면…." 그렇다. 도전 앞에서 늘 두려움이 있다. 그래도 마음을 다잡고 도전을 한다면 오히려 두려움은 없어지고 용기로 한 발걸음 나갈 수 있다. 두려움과 용기가 교차하는 삶의 위기 앞에서 결연한 마음으로 다짐해보자. 내 마음의 꿈을 위해 두려움 없이, 주저함 없이! 용기를 갖고! 도전과 용기를 위한 전선을 치겠노라고! 다짐을 하자.

삶의 기회는 과감히 도전하는 자에게 미소를 짓는 법이다. 실패는 누구든 있다. 도전하다 보면 생각 못 한 실패를 만난다. 비록 실패는 항상 어두운 그림자처럼 우리를 뒤쫓아 다니지만, 인간은 결코 실패하도록 만들어진 존재가 아니다. 도전하는 자에게 실패는 있을 수 있지만, 실패는 끝이 아니라 실패를 패배시키면 된다. 실패는 반드시 빛나는 메달을 데리고 온다. 인생도 그러하다.

누구나 삶에는 넘어야 할 산이 많다. 하지만 대개는 평생 그 산을 쳐다만 보다 죽는다. 그 산에서 죽더라도 올라야 진짜 삶이 펼쳐짐을 모르진 않는다. 하지만 두렵고 겁나서 바라만 본다. 그러다 결국 인생의 막이 내리기 일쑤다. 진짜 행복은 내가 넘다 죽어도 좋을 그 산을 발견하고 그 산을 오르고 또 오르다 거기서 죽는 것이 아닐까.

한 사람의 도전이 부러운 까닭이 바로 여기 있다. 끝끝내 포기하지 않는 게 진짜 승리이며 인간이 빛나는 영혼의 소유자인 증거다. 삶에 새롭게 도전하는 자세야말로 미래를 위한 삶의 변화구를 던져야 할 때다.

지금이 곧 그때이고, 그 시절은 다시 없다. 그렇다. 도전은 '나중'이 아니고 '오늘'이다. 가장 파괴적인 나중이 아니라 가장 생산적인 지금이고 오늘이다. 모든 게 순간이고 지금은 다시 없다. 오늘이 지금이고 그때다. 결국 도전이 나를 변화시킨다. 도전은 내 안의 숨은 위대함을 깨우는 일일 뿐만 아니라 다른 사람의 잠재 역량까지 일깨우는 삶의 각성제다.

도전 없이는 성장도 발전도 없다. 물론 도전은 때로 실패와 좌절을 수반한다. 하지만 그 실패와 좌절이 두려워 도전하지 않은 사람은 그 자리에 머물 뿐만 아니라 결국 쉼 없이 도전하는 사람에게 뒤처지고 만다. 도전 후 빠르게 잘되는 사람과 천천히 잘되는 사람이 있을 뿐이다. 대다수는 나중에 잘된다.

나중에도 안 되는 사람은 도전을 하다가 도중에 안 될 것이라고 포기한 사람이다. 그러나 계속 안 되다가 결국 되는 사람은 도전을 포기하지 않은 사람이다. 된다고 생각하고, 잘 될 것이라 말하고, 끝까지 노력하여 최선을 다한다. 이런 사람은 처음에 선택한 분야가 아니어도 다른 분야에서 충분히 잘 될 수 있다.

자고로 위기는 항상 가장 큰 것, 가장 튼튼한 것, 가장 견고한 것이라고 믿었던 것에 덮치게 마련이다. 왜냐하면 거기에는 자만의 빈틈이 있기 때문이다. 우리의 삶, 우리의 마음도, 우리의 도전도 예외가 아닐 것이다.

지나온 각자의 인생 도전을 새삼 떠올리며 자만의 빈틈, 스스로 경계해야 하지 않겠나! 어차피 삶은 미완성이다. 하지만 끝까지 함으로써 미완성은 완성을 품어낸다. 그리고 언젠가 그 미완성의 씨앗은 완성의 열매를 맺는다. 그러니 여기서 멈추지 말자. 여기서 그치지 말자. 미완성을 두려워 말고 끝까지 도전함으로써 그 안에 완성된 삶을 지키도록 하자. 그것이 삶을 사는 오늘 우리의 자세 아니겠는가.

4-3
부끄러움을 모르는 세상

요즘 정부와 국회의 모습을 보면서 떠오르는 안타까운 심정이다. 인간은 자신의 잘못에 부끄러움을 느끼고 반성하고 후회할 때 진보할 수 있지만, 잘못을 저지르고도 부끄러움을 느끼지 못한다면 짐승과 무슨 차이가 있겠느냐는 뜻으로 받아들일 수 있다. 그래서 세상에서 말해지는 이야기에 '후안무치(厚顔無恥)'니 '철면피'니 하는 말들이 있다.

글쎄, 어느 나라 정치든 갈등은 있겠지만, 한국 정치판을 보면 화성에서 온 사람과 금성에서 온 사람이 권력 쟁취를 위해 뒤엉켜 싸우는 형상이다. 물론 사람들이 함께 살다 보면 많은 갈등이 있다. 여러 원인이 있겠지만, 각기 다른 관점으로 세상을 바라보기 때문이다. 그래서 세대 간 갈등, 계층 사이에 갈등, 성별 갈등, 지역 간 갈등, 종교 간 갈등, 정치적 갈등 등 수많은 갈등이 생겨난다.

인간은 위장술이 능한 존재다. 가장 교묘하고 복잡한 속임수 전략을 구사하는 위장술의 대가라고 할 수 있다. 화장으로 얼굴을 예쁘게 위장하고, 옷으로 몸을 근사하게 치장한다. 웃는 얼굴로 적개심을 감추고, 허장성세로 초라함을 가린다. 이처럼 사람들은 없어도 있는 척, 몰라도 아는 척, 못나도 잘난 척하며 살아간다.

인간은 백조처럼 수면 위로는 우아한 모습을 보이지만 수면 아래로는 정신없이 물 살퀴질을 하는 이중적인 존재다. 사람들은 타인에게 자신의 진심, 즉 속마음을 잘 드러내지 않는다. 그뿐만 아니라, 속마음과 반대되는 행동을 나타내는 사람도 많다.

얼굴이 두꺼워 어떤 잘못한 일에도 수치스럽다는 태도가 없고, 얼굴에 철판을 깐 듯 부끄러운 표정조차 짓지 않는 경우를 뜻하고 있다. 인간이 본래부터 그러했던 것은 아니다. 어떤 일을 하고 나서 부끄러운 생각이 든다면 바로 자신을 반성하게 된다. 부끄러운 마음을 지니지 않고서야 반성이라는 덕목은 나올 수 없다. 짐승들이야 자각하는 양심도 없고, 양심이 없는 한 어떤 경우도 부끄러운 마음, 즉 수치심을 느낄 수 없다.

성인이 아니고서야 잘못을 저지르지 않는 사람이 몇이나 있겠는가. 저지른 잘못도 반성하고 후회한다면 잘못에서 벗어나지만, 후회하고 반성할 줄도 모르고 부끄러운 생각조차 지니지 않는다면 그때는 큰 죄인이나 악인이 되어버리고 짐승으로 추락해버린다는 성현의 말씀이다.

오늘의 세상을 보자. 국민 누가 보더라도 저런 일은 분명히 잘못한 일이라고 여기고 있지만, 국가 최고 지도자나 지도급 권력자 누구 하나 잘못을 인정하고 반성하고 후회하는 표정이라도 짓는 경우를 본 적이라도 있는가. 만인이 인정하면서도 저런 일에는 국민에게 사과하고 잘못을 바로잡아주기를 기대하는 일에도 모두 잘못은 없고 사과나 반성한 빛도 없다는 데에야 무슨 할 말이 있겠는가.

법은 모든 사람에게 평등하다고 배웠다. 그러나 지금의 현실은 법은 불평등하다는 점이다. 일반 국민이 같은 죄를 범했다면 어떤 결과가 있었는가는 누구나 알 수 있다. 그들이 말하는 면책특권은 본인이 만든 것이 아닌 국민이 만들어 준 것임에도 불구하고 본인들의 권리 수단으로 특권을 악용하고 있다.

어떤 정책을 수립하고 발표까지 했다면 시행하기까지 촘촘한 사후 계획도 있어야 한다. 이보다 중요한 것은 수립과정에서 정책의 상대방과 충분한 대화와 객관성을 담보했는가이다. 이러한 절차와 내용이 미진했다면 국민의 호응과 박수를 받지 못하고 결국은 좌초하고 만다. 그 피해는 대다수 국민이 떠안을 수 있다는 사실이다.

어떤 정책이든, 법에 저촉된 정치인이든 잘못된 상황으로 밝혀진다면 정책은 원점에서 재검토해야 하고, 정치인은 그에 합당한 벌을 받아야 한다. 그게 올바른 국가 시스템이고 온전한 국민의 몫이다. 대다수 국민이 어떻게 더 참으며 보고만 있을 수 있겠는가. 인간에게는 절대로 속이거나 감출 수 없는 양심이 있다.

고사성어에 역지사지(易地思之)라는 말이 있다. '처지를 바꾸어 상대방 관점에서 바라보라' 라는 뜻이다. 입장 바꿔 상대방 관점에서 바라보면 이해가 안 되었던 행동이나 태도를 이해할 수 있다는 것이다. 정치가 관점을 바꾸면 양극단으로 대치하는 대립적, 분열적 양상의 문제를 풀 수 있는 해법을 찾을지도 모른다. 좀 더 나은 세상, 좀 더 나은 정치 관계를 만들려면 상대방 입장에서 생각하고 관계를 개선하는 법을 찾아야 한다.

지금 한국 사회는 사고의 양극단으로 분열되어 대치할수록 불안정하며 위험 사회로 치닫게 된다. 이제 문제의 해법을 찾기 위해 관점을 바꾸는 것이 아니라 관점을 이동해 보자. 즉, 역지사지해 보자는 말이다. 관점을 확장하고 이동하면 새로운 가능성이 열리고 새로운 관계를 여는 출발점이 될 수도 있다.

우리가 사는 동안 남에게 칭찬은 못 들어도 욕은 먹지 말자. 남에게 베풀지는 못해도 피해는 주지 말자. 태어나서 훌륭하게 살지는 못해도 부끄럽게는 살지는 말자. 우리가 어디서 멈춤을 할는지, 어느 정류장에서 내려야 할지 모르지만 내 안부를 묻는 사람이 있다는 것은 소소한 행복이 아닌가 싶다.

아무도 모르는 자신의 양심, 오직 자신만은 자신의 양심을 알 수가 있고 하늘만은 인간의 양심을 들여다보고 있다. 광명천지의 하늘이 내려다보는 양심, 잘못하고 느끼는 부끄러움, 죄를 짓고 느끼는 수치심, 그런 것을 어떻게 송두리째 감출 수 있는가. 이제는 부끄러움을 아는 세상으로 돌아가자.

4-4
부모에게 자식이란

한 해의 끝자락 12월 29일 아들이 605호 병동에서 17일 동안 입원하고 퇴원을 했다. 아직 목발을 딛고 통근 치료는 남아있다. 병원 치료비를 정산하고 집으로 오는 내내 넘어질까 걱정이 앞선다. 차 안에 태우면서 불편해하는 아들. 그 모습을 보며 못내 마음이 아픈 나. 어떻게 해주어야 할지 모르는 나는 걱정이 이만저만 아니다.

병원 입원 전 아들이 나에게 말했다. "아빠 왼쪽 다리가 많이 아파요"라고 말한다. 그래 어디가 아픈데 "무릎이요" 조심스레 무릎을 만지니 "악~"하고 비명을 지른다. 무릎이 아픈지 꽤 되었다고 한다. 더 이상 참지 못하고 아프다고 말하는 아들이다. 아직 우리 가족 중에 다리 부분에 이상이 있어 수술받아본 경험이 없던 터라 괜히 걱정도 되었다.

척추. 관절 전문 병원으로 아들과 함께 갔다. 집에서 가까운 병원이 있어서 그나마 다행이다. 병원을 향해 가는 내내 아들은 많은 걱정을 한다. 얼굴에 심각한 표정이 보인다. 나는 애써 표정 관리를 하며 "일단 전문 병원에 가서 진단받아보자. 진단받아보고 그때 결정을 하자"고 말했다.

2층에서 접수를 하려고 하자 "어디가 아파서 오셨나요?"라고 묻는다. "내 아들이 왼쪽 무릎이 아파서 왔습니다."라고 말하자 잠시 대기하라고 한다. 담당 의사가 결정되었는지 아들 이름을 불렀다. 처음 담당 의사와 대면했다. 의사는 아들을 진료 매트로 오라고 하더니 아픈 왼쪽 다리를 이쪽저쪽으로 여러 번 꺾고 펴는 동작을 할 때마다 아들은 거의 비명에 가까운 소리를 질렀다.

의사는 다리 아픈 상태를 보니 무릎관절 내 반월판 파열을 의심했다. 정확한 진단과 치료를 위해서는 MRI를 받아보자고 했다. MRI 촬영 받으려고 영상실로 아들은 이동했다. 삼십 분 지나고 아들이 내려왔다. 나와 아들은 다시 대기실에서 호출을 기다렸다. 기다리는 동안 어떤 결과가 나왔을까? 나쁜 상태라면 어찌해야 할건지, 이런저런 생각이 스쳐 갔다. 하지만 어떤 결과가 나와도 수술을 해야 하는 시간만 있을 것으로 보인다.

대기하고 있는데 아들 이름을 불렀다. 담당 의사는 MRI 검사 결과에 대해 생각했던 무릎 반월판 파열 부분도 있지만, 그것보다 더 심각한 것이 있다고 했다. 담당 의사의 소견으로는 좌측 무릎의 관절경하 외측 원판형 연골판의 부분절제술로 판명했다. 대부분 반월판 모형인데 아들은 태생부터 원형으로 되어있어 원형을 반월형으로 부분절제 수술을 해야 한다고 설명했다.

원형을 반월판으로 절제 수술을 하지 않으면 무릎 전체가 위험해진다고 한다. 현재 확인된 부분은 왼쪽 무릎이지만 오른쪽 무릎도 원형일 가능성이 크다고 했다. 일단 파열된 부분과 반월판 모형으로 만들기 위해 수술 날을 잡자고 했다. 수술대기 환자가 많아서 일주일 후 수술 일정을 접수하고 병원을 나왔다.

수술 하루 전 간단한 검사를 했다. 검사한 후 병원 병실에 입원하기 위해 환자복으로 갈아입는 동안 아들 얼굴이 잔뜩 긴장한 모습이다. 입원하는 동안 필요한 것들도 챙겨왔지만 막상 와보니 부족한 물품이 있어 편의점에 가서 사 왔다. 아들 혼자 두고 나오려고 하니 내 마음도 아렸다.

낯선 병원에서 처음으로 환자복을 입고 고통을 감수해야 하는 수술을 한다고 하니 걱정이 많았겠다는 생각이 들었다. 하지만 혼자 겪어야 하는 긴 시간이라고 아들은 알고 있다는 표정이다. 나는 병실을 나서며 "아들아. 큰 걱정하지 말아라. 수술 잘 될 거야. 아들, 힘내자"라고 안심의 말을 건넸다. "아빠, 걱정하지 마세요. 수술 잘 받고 올게요. 아들은 "너무 걱정하지 말고 집에 가세요."라고 말하며 손으로 내 등을 밀었다.

이 모든 것을 부모에게 물려받은 것이라고 하니 어쩔 것인가. 정상적으로 태어났다면 얼마나 좋았을까 하는 마음이 간절했다. 하지만 전체적인 몸 구조 상태를 확인할 수 없음 또한 한계가 있는 법이다. 몸이 아프거나 다쳐야 병원을 찾는 게 유일한 방법이기 때문이다.

다음 날 오후 3시부터 수술을 받았다. 4시간 넘게 수술을 받았고 중환자실에서 의식이 회복되자 일반 병실로 옮겼다. 왼쪽 다리는 보호대로 묶여있고 움직일 수 없는 자세로 침대에 누워 있다. 아직 통증이 없는 것 같았다. 실눈으로 나를 바라보고 있는 아들에게 "아들 아프지 않아?" 물었다. "아직은 아프지 않아요" 대답한다. "마취가 풀리면 많이 아플 거야" "아파도 참고 견뎌야지요" 하며 애써 웃으며 말한다.

상처투성인 아들을 두고 집으로 가려는데 선뜻 발걸음이 떨어지지 않았다. 물가에 아이를 두고 온 것처럼 안절부절 불안한 마음이다. 일단 수술을 잘 받았으니 다행이고 수술 부분이 잘 아물길 바랄 뿐이다. 그렇게 병원에서 2주 정도 수술과 치료를 받고 퇴원을 했다.

퇴원하려는데 아들은 못내 아쉬워하는 모습이다. "아들, 퇴원하니 좋지, 얼른 집에 가자"라고 말했다. "아빠, 저는 여기가 더 편해요"라고 능청맞게 말한다. 집보다 병원 침대 생활이 더 좋다고 하니 조금 어이가 없었지만, 이해는 됐다. 목발에 온몸을 기대며 걷는 아들을 지켜보노라면, 처음 학교에 입학한 아이의 서투른 홀로 섬을 뒤에서 응원하는 부모처럼 설렘과 작은 두려움이 동반되었다.

사는 집은 엘리베이터가 없는 아파트다. 조금 오래된 구조로 계단으로 올라가고 내려와야 해서 힘들겠다는 생각이 들었다. 집의 구조가 어떠하든 뭐가 문제인가. 상처투성인 아들과 함께 집으로 갈 수 있음에 마음은 기뻤다. 그렇게 입원과 수술을 받고 병원을 나왔다. 병원 밖으로 나오니 겨울 찬바람이 묻어있는 어둠이 반기고 있었다.

4-5
세월

매년 12월이 되면 시간이 언제 이렇게 빨리 흘렀나 흠칫 놀라게 된다. 한 해를 보내고 나면 새로운 한 해를 맞이한다. "새해 복 많이 받으시라고" 서로 덕담을 나누던 날이 엊그제 같은데 한 해가 얼마 남지 않았다. 세월은 사람을 기다려주지 않고, 쏜살같이 빠르게 지나가는 것을 실감하고 있는 요즘이다.

새해 시작할 때의 마음처럼 한 해를 한결같은 마음으로 잘 살았는지 자신을 돌아보게 된다. 더 열심히 살아야 했는데, 더 마음을 넓게 쓰고, 다른 사람을 좀 더 배려하고 이해했어야 하는데…. 반성하면서 다시 새롭게 마음을 다잡는다.

어떻게 사는 것이 잘 사는 것일까? 처음도 중간도 끝도 좋은 것이라면 얼마나 좋은가. 이런 생각은 모든 일과 인간관계도 마찬가지라고 생각한다. 처음은 다 좋을 수 있지만, 중간에도 좋고, 마지막까지 좋기는 어려운 일이다. 한결같이 노력하고 정성을 기울여야 후회 없는 아름다운 마무리를 하게 된다.

　물질적으로 베풀 수도 있지만, 재물이 넉넉하지 않다면 이렇게 착한 마음, 밝은 표정, 선한 눈길로 바라보는 것으로도 실천할 수 있다. 몸도 마음도 추워지는 요즘 조금만 주위에 관심을 기울이고, 훈훈한 정을 나누고 베풀면서 따뜻하고 풍요로운 연말을 보냈으면 좋겠다.

　이미 지나간 세월은 어쩔 수 없는 나만의 시간이다. 남들이 알 수 없는 나만 아는 마음의 시계일 것이다. 특히, 나이가 들수록 시간은 점점 더 빨리 흐르게 되는 것 같다. 당연한 말처럼 들릴지 모르겠지만, 시간이 흐르는 것을 막을 수는 없다. 흘러간 내 청춘도, 살기 위한 치열한 삶의 현장에서, 뒤처지지 않게 앞만 보고 왔는데, 이제는 거부하지 못하는 요놈의 나이 숫자가 그림자처럼 따라온다.

　그렇다면 시간의 흐름을 조금이나마 느려지게 할 수는 없을까 하는 방법을 생각해 본다. 세상은 가만있는데 우리만 변하고 있으니 억울할 수가 있다. 누군가 내 나이를 묻거든 숨기지 말고 당당하게 말하면 된다. 나이는 숫자에 불과하다. 마음에 나이가 없다는 것을 보여주고 세월도 비켜 간다는 당당한 모습이면 된다. 당당한 모습으로 세월과 맞서며 살아가면 되는 것이다.

　물론 돌아보면 살아온 인생 후회도 많을 것이다. 두 번 살 수 없는 인생이라 또다시 뒤돌아 갈 수 없다. 그래도 후회 아닌 기쁨도 있다. 살아오면서 수많은 선택을 하며 희망을 간직하며 왔으니 그나마 앞으로 살아가는데 기쁨이 아니겠는가. 어차피 내가 택한 길이라면 웃으면서 살아보자. 웃는 내 인생에 세월도 함께 웃으며 가지 않을까 생각을 하며 남은 세월도 잘 보내야 한다.

어쩌면 인생은 여행과 닮았다. 시끌벅적 여행을 가는 순간은 이미 지나갔다. 이제 떠나온 곳을 향해 돌아가는 길이다. 여행을 추억하는 우리는 세월이라는 같은 버스에 타고 있는 것이다. 그러니 삶의 여정은 순조롭게 시작하자. 올 때처럼 노래 부르듯 가자. 여전히 즐겁지 아니한가. 쓸쓸하면서도 어딘가 따뜻해지는 기분이다.

오늘 이 순간이 우리 인생에 가장 젊은 날이라고 되새기며 즐겁게 살아가자. 혹시 아는가 세월이가 더 좋은 곳으로 데려다줄지. 어찌 보면 인생은 생각 물들기이다. 우리는 무엇으로 물들이려 하는가? 어떤 생각으로 물들이느냐에 따라 우리의 인생이 달라진다. 부디 아름다운 삶의 색깔이 당신 것이기를 기대해 본다.

4-6
경험해야 삶의 꽃이 핀다

　모든 것에는 시간이 필요하다. 마음이 안정될 시간, 믿고 맡길 시간, 사랑할 시간, 용서할 시간, 곤경을 헤쳐 나갈 시간, 그리고 기다림의 시간, 그 숱한 시간 동안 나는 주변의 삶보다도 나 자신의 발걸음에만 관심을 두었다. 스스로 힘겨운 나날을 묵묵히 버텨야만 하는 시간이 내겐 필요했고, 그것은 결국 인간과 세상을 바라보는 통찰의 힘을 길러주는 데 많은 도움이 되었다.
　어려서부터 어른들로부터 '굽은 나무가 선산을 지킨다' 라는 말을 수없이 들었다. 이 말인즉슨 '똑똑하고 잘난 아이는 절을 떠날 거야' 라는 의미다. 부러진 나무였을지언정 살면서 나는 굽은 나무였던 적이 없었다. 그래서 처음에 들었을 땐 못에 찔린 것처럼 마음이 쓰라렸다.

　고통 없는 인생이란 없으니 어렵고 힘든 일일수록 자신을 믿고 도전한다면 자존감도 높아질 것이다. 시간이 얼마 남아 있든지 간에, 우리는 그 시간을 직접 보내야 한다. 시간이란 게 모아둘 수도 없고, 누군가에게 빌려줄 수도 빌려올 수도 없다. 매 순간순간을 열심히 살아가며 손에 쥔 시간을 허투루 내보내지 않아야겠다. 결국, 우리가 이루고자 하는 모든 것에는 그 시간이 있어야 한다. 힘겨운 상황 묵묵히 버텨내고 역경을 극복해 가는 것이 인생이다. 인내라는 봇짐에 자신을 믿고 도전해야 한다.

"그렇죠. 모든 것에는 숙성할 시간이 필요한 거죠." 이 말을 내 나이 오십이 넘어서야 다시금 새겨듣고 답한다. 어려운 일이라고 해서 피하는 것이 아니라, 끝까지 파고들어 극복하는 힘이 있어야 한다. 이러한 자기만의 생활 철학이 있어야 단단하게 형성된 정신력을 발휘할 수 있다. 어려운 일을 찾는 사람은 적어도 희망을 바라보고 그 일을 하게 된다. 어쩌면 희망도 경험이 되는 셈이다.

여기에 두 사람이 있다. 이 두 사람은 강인하지만, 그 이유가 다르다. A라는 사람에게 강함은 무자비함을 의미한다. 상상을 뛰어넘는 잔인함으로 기가 질리게 만드는 것이다. 그가 그토록 무자비할 수 있는 것은 "희망 따위는 없다"라고 믿기 때문이다. 반면 B라는 사람은 희망의 존재를 믿는다. 강렬한 희망을 품고 있기에 슬퍼하고 좌절하지만 견디고, 맞서고, 다시 일어선다.

두 인물이 갈라져 나온 지점은 '희망을 경험했느냐'다. A는 희망에 관한 기억 자체가 없다. 그래서 희망을 말하는 자를 보면 가소로울 뿐이다. B는 다르다. 어쩔 수 없는 상황에서 자신의 삶의 터전을 떠나기 전 자신이 쌓아 올린 '희망의 삶'을 기억한다. 그곳에서 삶과 혼이 뿌려진 터전이었음을, 그는 희망을 버리려고 해도 버릴 수가 없다.

희망을 한 번이라도 느껴본 사람은 희망이 있음을 안다. 그러므로 한 사회가 구성원들에게 희망을 맛보게 하는 건 매우 중요한 과제다. "젊은이여, 꿈을 가지라"고 요구만 할 게 아니라 희망을 경험할 수 있게 해줘야 한다. 그렇게 마음에 작은 씨앗이 뿌려질 때 야망도, 소망도, 작은 꿈들도 지속 가능한 힘을 얻는다.

유년 시절, 크고 작은 꿈은 있었다. 하지만 그냥 꿈으로만 있었지 꿈을 이루기 위해 희망을 품지 못한 점도 있다. 지나치며 마주하는 얼굴 표정에서 어떤 감정도 읽히지 않는 사람들과 마주친 적이 있다. 그 사람도 희망을 접할 기회가 있었다면 달라지지 않았을까. '희망'은 생각이 퇴보되지 않는 한 끊임없이 접할 수 있는 시대다. 이제라도 우리 사회가 진짜 희망의 순간을 만들고, 기억하고, 나눌 수 있다면 아직 많은 것들이 가능하지 않을까.

4-7
시(詩)가 있는 공간

구부러진 삶

나는 구부러진 길이 좋다.
반듯한 길 쉽게 살아온 사람보다
구불구불 걸어온 삶이 좋다

낯선 길에서 우연으로 살갑게 만나서
좋은 인연도 피고 마음을 담아주던
착한 사람들과 이런저런 인연을 만들며
삶을 살아간다

구부러진 길에서
사람이 많이 모여 살 듯이
나의 마음을 품고 꿈도 품고
그렇게 구불구불 살아간다

울퉁불퉁 못생긴 길로 살아온 내 얼굴에
세월의 훈장처럼 구부러진 주름살이
깊게 흔적을 남긴다

한 모퉁이 지나가며
가족을 품고 이웃을 품고 가는
그 구부러진 길처럼 살아온 사람이
나는 또한 좋다

구부러진 길을 가다 보면
뜻밖의 선물을 가져주는 특별한 삶
내 생애 벅찬 순간이 있는 인생이 좋다

우리가 세월을 보내는 게 아니라
세월이 우리를 보내는 거다

사람은 끝까지 살 줄 알지만
대부분 길 끝에서가 아니라
길 위에서 생을 마감한다

4-8
나를 알아보는 것들

내가 사는 아파트 옆 공실이던 상가에 어떤 업소가 들어올까 궁금했다. 그곳은 '네일'이란 업소가 있던 자리다. 몇 개월 전 내부 인테리어가 진행되었고 깔끔한 사주&타로란 얼굴로 입주를 했다. 심리 상담소다. 지금까지 살아오면서 내 사주를 본 적이 없다. 오직 나만 믿고 살아온 나다. 그런 내가 나이가 들면서 한 번쯤은 사주를 보는 것도 괜찮을 것 같았다. 그래서 마음먹고 그곳에 가봤다.

최근 젊은 세대에서 MBTI(성격유형 검사)가 유행이다. '열 길 물속은 알아도 한 길 사람 속은 모른다' 라는 속담처럼 사람 속마음을 알 수가 없어 MBTI를 통해 정보를 얻는 것이다. 장년층은 한 번쯤 사주를 통해 자신과 타인을 관찰한다.

왜 MBTI와 사주에 관심이 높을까? 첨단 과학기술이 아무리 발달해도 삶의 불확실성이 함께 높아지기 때문이다. 과학적 이성을 기반으로 하는 합리주의가 세상을 지배하면 할수록 아이러니하게도 우리는 더 따뜻한 심리적 위로와 위안이 필요하다.

MBTI는 마이어스와 브릭스가 만든 자기보고 형식의 성격유형 검사로 4가지 형태로 분석한 모형이다.

첫째, IE는 에니지 방향이다. 안쪽(Introversion), 내향형으로 조용하고 신중한 성격으로 좁고 깊은 대인관계를 선호형이고, 반면 바깥쪽(Extroversion), 외향형으로 활동적이고 열정적인 성격으로 넓고 원만한 대인관계를 선호하는 타입이다.

둘째, SN은 인식 방법이다. 감각형(Sensing), 오감 이용으로 실제 경험, 지금 상황과 일 고민 형이고, 반면 직관 형(iNtuition), 영감 이용하여 아직 경험이 없으나 미래 가능성과 아이디어 등을 생각게 하는 형이다. 그런데 SN은 선호보다는 기질에 가까워서 거의 바뀌지 않는다는 점이다.

셋째, TF는 판단기능이다. 진실 기반(Thinking)으로 한 사고 형이다. 사실과 진실, 맞다, 다르다는 토론과 논평 주의고, 반면 관계 중심(Feeling)은 감정형으로 사람과 관계 좋다, 나쁘다가 아닌 협조적인 자세를 가진 형이다.

넷째, JP는 행동 방식이다. 판단형(Judging)으로 상황을 판단 후 행동하여 목적 방향유지, 기한 엄수, 완벽한 계획을 세우는 것이다. 반면 인식형(Perceiving)은 상황을 인식하여 행동하며 목적 방향 없이 상황에 따라 수정하는 개방적, 자율적 형이다.

MBTI는 자신과 타인의 성격유형 검사를 통해 나는 어떤 성격

유형을 가졌는지 파악하는 것도 나쁘지 않다. 또한 타인을 상대로 하는 성격 분석도 가능해진다. 만나서 이야기하듯 주고받다 보면 상대의 성격도 어느 정도 파악할 수 있어 좋을 듯싶다.

4가지 유형을 살펴보니 어떤가? 내가 어느 쪽에 가까운 성격을 가졌는지 확실히 알 수는 없지만, 어느 정도 인정되는 성격 파악을 할 수 있어 좋았다. 어떤 유형의 조합이 최상일까 생각을 하며 맞춰 보지만 최상의 조합은 어렵다. 흑백논리처럼 S 아니면 N이라기보다는 S에 가깝거나 N에 가까운 경계에 있는 성격도 있으니 어느 정도는 재미로 보면 좋을 것 같다. 그래도 한두 개가 자신의 성격과 일치한다면 다행이라 생각하며 더 열심히 노력하면 살아가는 데 도움이 될 수 있을 것이다.

예전에는 사주보는 일이 다반사였다. 집안의 대소사는 사주를 보고 일정을 잡았다. 결혼, 이사 등 인륜지대사는 손 없는 날을 택하여 자손이 아무 탈이 없이 보낼 길일을 정하는 것이 중요했다. 사주(四柱)란 사람이 태어난 연월일시 네 간지(干支), 또는 이에 근거하여 사람의 길흉, 화복을 알아보는 점이다. 사주에 따른 사주팔자, 사주 궁합, 사주단자 등이 있다. 개인에 한정해서 보는 사주팔자, 결혼 전 보는 선남선녀 사주 궁합, 혼인이 정해진 뒤 신랑 집에서 신부, 집으로 신랑의 사주를 적어서 보내는 종이다.

어릴 적에는 토정비결이란 책이 있었다. 한해가 시작되기 전 재미로 보는 운수였는데 호기심으로 가득한 얼굴로 방 안에 모여 몇 번이고 읽어보았다. 걱정된 마음과 웃음으로 변한 내 모습이 떠오른다. 월별마다 운수 내용이 다르게 나왔기 때문이다. 안 보는 것보다 그래도 보고 나면 한결 마음이 가벼웠다.

우리 세대에는 상대방 성격 차이를 혈액형으로 많이 보았다. 미팅 자리에서, 타인과 만남에서, 이런저런 모임에서 "혹시 혈액형이 뭐예요?" 묻곤 했다. 각자 다른 혈액형을 갖고 있으니 상대가 물으면 "예, 저는 O형입니다" 쉽게 응했다.

웬만한 사람은 혈액형마다 다른 성격을 줄줄 외우고 다녔다. O형은 신념이 강하고 이상이 크며 목적 지향 주의, A형은 신중하고 책임감이 강하며 성실함과 꼼꼼함, B형은 형식에 구애받지 않는 감각파이자 낭만주의, AB형은 주관을 갖고 자신이 정한 길로만 가는 자유주의 등 다른 특징으로 구분되어 있어 재미로 많이들 애용했다.

지금은 신문에 '오늘의 운세'의 코너가 있긴 하지만 어릴 적 보았던 토정비결 책이 있어 그 해 나의 운세를 볼 수 있어서 참 좋았던 것 같다. 세상이 둔탁하고 어지러우면 일명 무속인이 많이 등장한다. 특히 대통령 선거, 나라 살림이 어려울 때 무속인, 점술가, 철학관 등이 SNS에서 회자 된다.

이러한 현상은 인간의 불확실이 커지면 어김없이 그 틈을 파고

든다. 불안한 마음을 그들에게서 위안의 말을 찾으려는 것이다. 하지만 그들의 말은 한 사람의 의견일 뿐 모든 일을 해결해주는 신이 아니기 때문이다. 얽히고 풀지 못한 것은 각자가 부딪히고 넘어지더라도 문제의 끈을 풀고 헤쳐 나가야 하지 않을까.

원인 없는 결과는 없다고 했다. 문제의 원인도 본인에게 있듯이 결과도 본인이 맺음을 잘해야 한다. 어쨌든 내가 만들어 가야 하는 앞날이다. 그렇지 못해서 얼마나 큰 비용을 낭비하는가. 그것은 어리석고 우둔한 내가 나를 바르게 찾지 못하는 것에서 비롯된다.

심리 상담소에서 이 세상에 우연이란 없다며 "좋은 사주는 하늘의 복이요, 좋은 이름은 사람의 복이다."라고 간결하게 한마디 말해준다. 50대까지는 어려운 시기를 걸어왔지만, 그 이후에는 순탄한 길로 접어든다고 한다. 나의 인생 후반기는 잘 풀릴 운세라고 한다. 어떤 방법이든 나를 찾는 시간을 가져 봄도 좋을 듯싶다.

4-9
사랑하며 살아요

　사람은 저마다 결이 다른 사랑이 있다. 하지만 그 결대로 산다는 것이 쉽지 않다. 아니 자기에게 어떤 결이 있는지 아예 모르는 경우도 허다하다. 그런데 원래 사랑은 어렵다. 사랑은 배려, 책임, 존경, 이해가 어우러진 종합 예술이기 때문이다. 그나마 자기 결이 무엇인지 아는 사람은 지혜로운 이다. 그리고 자기 결대로 살려고 몸부림칠 때 사람은 가장 아름답고 행복하며 위대하다.
　오늘날 우리 사회는 이른바 친구라고 하면서도 사리사욕에 얽매이고 친구 간에도 어렴풋이 있는 체 아는 체 으스대며 상대를 낮춰 보고, 남의 속을 찌르는 송곳 말, 머리를 내리치는 도끼 말, 몸을 때리는 작대기 말로 잘난 체하며 가르치려 들고 오만무례, 안하무인, 교만한 무리가 없지 않으니 한심한 일이다. 그러기에 서로를 존경하고 이해하는 참다운 친구는 혈육보다 더 소중한 것인데 그런 친구가 어찌 흔하겠는가. 거친 사회생활을 하면서도 삶의 심연을 늘 응시하고 고민하는 사람은 흔치 않다.

나의 아내가 그렇듯 매우 찾기 어려운 사람 중의 하나다. 남녀 간의 친구는 없다고 한다. 하지만 부부 관계는 남녀 간 친구가 존재한다. 부부로 살다 보면 남녀 친구처럼 다투기도 하지만 남남이 될 것처럼 심하게 싸우지는 않는다. 그래서 부부 싸움은 칼로 물 베기라 하지 않는가. 사랑을 다 해 사랑하며 살다가 내가 눈 감을 때까지 가슴에 담아가고 싶은 사람은 내가 사랑하는 지금의 아내라는 친구다.

사회생활을 하면서 수많은 장례식장을 다녔다. 돌아가신 분의 연세가 80대 중반을 넘긴 부모님 문상을 다녀올 때는 복받치는 슬픔은 없었다. 하지만 4월 어느 날 친구의 죽음을 알게 된다. 60대 초반 나이에 세상을 등진 친구의 죽음은 말로 표현할 수 없는 복받치는 울분을 감출 수 없다. 죽음 앞에서 많은 생각을 하고 혼자만의 힘든 결정을 했으리라. 피할 수 없는 자신의 짐을 내려놓고 홀로 생을 마감한듯했다.

"저의 아버지가 어제 별세하셨습니다. 비록 병중에는 외롭고 힘드셨지만 가시는 길만은 외롭지 않게 해드리고 싶습니다. 지인분들이 많이 도와주시면 감사하겠습니다. 불효자 ○○○ 올림"의 부고 문자를 받았다. 친구 아들이 상주 역할을 하느라 힘겨워 보인다. 남아 있는 유족에게 어떠한 위로의 말도 건네지 못하고 마지막 인사만 했다.

"세상살이가 많이 힘들었구나. 몸도 아픈 상태였지만 그래도 조금만 더 살려고 노력했으면 참 좋았을 텐데." 안타까운 마음에 눈물이 쏟아졌다. 오랫동안 많은 추억이 있던 절친이었는데, 이번 대면이 친구와의 마지막 이별이라니 가슴이 먹먹했다. 친구의 아내는 조금 떨어진 곳에 앉아 영정 사진을 보며 하염없이 눈물을 삼킨다.

친구의 죽음 앞에 "나는 지금 행복한 것인가?"라는 질문을 자신에게 끊임없이 하면서 살아가게 된다. 그런데 비교의 잣대를 들이대는 순간, 타인은 아무런 걱정 없이 행복하게 잘 사는 그것으로 보이는데, 자신은 "왜 이리 걱정거리가 많은지, 하는 일은 마음 먹은 대로 왜 잘 안 되는지?"라는 생각을 하게 된다. 하지만 남의 떡은 커 보이고 남은 행복해 보이지만 진짜 행복한 사람은 자신인데, 자신만 그 사실을 모르고 있을 뿐이다.

신혼부터 형편이 어려워서 단독주택 월세로 살았다. 살림이 나아지면 더 좋은 집으로 이사를 할 거라고 희망했지만, 나아지는 속도는 거북이걸음이었다. 빠듯한 살림에도 든든하게 곁을 지켜준 보석 같은 동반자다. 이 모든 생활을 옆에서 지켜보며 큰 불평불만 하지 않고 묵묵히 동행하며 격려해준 집사람이다. 30년 이상 수없이 많은 우여곡절이 있었지만 모든 역경을 이겨내고 내 손을 놓지 않고 지금까지 서로 아끼고 사랑하며 살았다.

전혀 피 한 방울 섞이지 않은 남남이지만 부부라는 이름으로 만난 아내다. 살다 언젠가 내 핏줄인 내 부모 내 형제 자식들 모두 뜬구름 되어 사라질 때, 남몰래 뒤돌아서 우는 유일한 사람이다. 그래서 나에게 가장 소중한 무촌이자 없어서는 안 될 귀중한 아내의 자리이다.

세월에 당신 이름이 낡아지고 빛이 바랜다고 하여도 실망은 없다. 사랑하는 내 마음은 언제나 늘 푸르게 피어나 은은한 향내를 품기며 꽃처럼 피어날 것이라는 나의 소망이다. 당신 이마에 주름지고 머리는 백발이 된다고 하여도 어쩔 수 없다. 먼 훗날 굽이굽이 세월이 흘러 아무것도 가진 것 없는 몸 하나로 내게 온다고 하여도 아내를 사랑할 것이다.

그리하여 당신만의 향기로 언제나 옆에서 변함없이 아내만 바라보며 사랑하겠노라는 심정이다. 하늘이 부르시는 날까지 최선을 다해야겠다며 담담하게 받아들이는 마음과 함께 좋은 것을 다해주는 모습도 필요하다. 적어도 얼굴을 찡그리게 하거나 과격한 말을 하지 말아야 한다. 그래야 작은 향기가 나는 사랑의 멋이 난다.

가장 쉽고 흔한 노력은 사랑을 표현하는 것이다. "그걸 꼭 말로 해야 알아?"라고 반문하지만, 사실 말하지 않고 표현하지 않으면 알 수 없다. 가장 사랑하는 가족에게조차 우리는 사랑 표현에 서툴다. 어색해도 사랑의 마음을 표현하는 노력은 해야 하지 않을까. 적어도 사랑하는 사람에게 '고마워, 사랑해' 말 한마디라도 건네보면 어떨까.

함께 살아가는 동안은 모르는 것도 많다. 이럴 땐 좋은 것을 좋다 하고, 슬플 때는 슬프다고 말해야 한다. 센 척, 멋진 척, 잘난 척하지 않고 강하되 몸에 밴 겸손, 사심 없고 온화한 성품, 상대방에 대한 배려도 항상 마음속에 있어야 한다. 여기에 가족을 사랑하는 마음도 흔들림이 없어야 한다. 아내와 우리 아이들이 있어 행복하다. 늘 가족에게 미안하고, 고맙고, 사랑한다는 말을 잊지 않는다.

4-10
습관이 인생을 지배한다

해마다 세밑이면 교수들이 선정한 '올해 사자성어'가 뉴스를 장식한다. 해마다 다른 사자성어가 나오지만 '과이불개(過而不改)'는 사람의 습관을 고치는 사자성어이다. 과이불개는 논어 위령공편에서 처음 등장하는데, 공자는 '과이불개(過而不改) 시위과의(是謂過矣)'라 말했다. 즉 잘못하고도 고치지 않는 것, 이것을 잘못이라는 뜻이다.

새해가 시작되면 나름대로 참신한 계획을 세운다. "올해는 이렇게 할거야"라고 마음을 굳게 먹고 행동에 나선다. 하지만 마음만 앞섰지, 며칠 지나면 행동은 없어진다. 그렇지만 매번 작심삼일에 그치는 당신도 할 수 있다. 금수저나 엘리트가 아니어도 습관을 잘 쌓으면 이길 수 있다. 당신이 부자가 될지, 가난해질지, 아니면 중산층에 머물지는 습관이 결정한다. 결국은 습관이 관건이다.

우리의 일상 가운데 습관은 우리도 모르는 사이에 우리의 삶에 영향을 미친다. 대부분의 습관은 부모에게서 물려받는다. 즉 습관은 대물림한다. 부유한 사람들은 가난해지는 습관보다는 부유해지는 습관을 훨씬 더 많이 가지고 있다.

습관은 모든 활동, 일상의 생각과 선택, 우리가 내리는 일상적인 결정의 40%를 차지한다. 일반 습관은 다른 습관에 영향을 주지 않는다. 좋은 습관으로 알려진 복잡한 습관보다 들이기도 쉽고 바꾸기도 쉽다. 좋은 습관은 독특한 습관이다. 일반 습관에 영향을 주기 때문이다. 좋은 습관은 일반 습관에 도미노 효과를 일으킨다. 가장 강력한 유형의 습관이라 들이기도 어렵고 없애기도 어렵다.

부자는 절대 안 하는 가난한 사람의 생활 습관을 철저하게 배제하고 있다고 한다. 부정적인 태도보다 긍정적인 태도로 산다는 것, 독서를 통한 자기 계발을 위한 책, 성공한 사람의 책을 읽고 삶에 적용한다. 안 좋은 건강 습관 대신 아침 운동 30분 하고, 3개의 소득원(주식, 부동산, 채권과 같은 금융소득) 등 자산취득에 중점을 둔다. 그리고 내일 할 일을 미루기보다 매일 5가지 일을 정하고 매듭을 짓고, 업무 마감일 설정을 하고 책임감을 주는 파트너를 만든다.

저축과 지출의 비밀습관도 있다. 저축을 위한 4 주머니(1.은퇴 저축, 2.특정 비용, 3. 순환 비용, 4.비상금) 전략으로, 4 주머니 설정하고 각 주머니에 저축 목표 설정을 했으면 4 주머니로 저축이 자동 계좌이체 설정하면 된다.

일상적인 지출에 대한 구체적인 지침도 있다. 첫째, 다른 사람에게 돈을 지불하기 전에 수입의 10~20%를 자신에게 먼저 지불하라. 둘째, 생활비 지출에 신용카드 쓰지 않기다. 신용카드 빚은 실직과 병원비에 이어 세 번째 큰 파산 원인이다. 셋째, 충동구매 삼가기다. 충동구매는 절대로 좋은 생각이 아니다. 지출 습관에서 감정을 제거해야 한다.

어렵게 번 돈을 지출하기 전에 계획을 세울 시간은 언제나 있다. 지출을 통제하는 것은 쉬운 일이 아니다. 하지만 일단 한 번만 습관이 되고 나면 훨씬 쉬워진다. 지출을 통제하는 일이 일상이 되면 당신은 가난에서 벗어날 것이며, 저축하게 될 것이고 재정 독립의 탄탄대로에 올라설 것이다.

우리는 인생에서 진정으로 바라는 것 이상의 뭔가를 성취하기 위해 목표를 정하고, 계획을 세우고, 자신을 다스리는 법을 꾸준히 실천한 사람들일 뿐이다. 성공한 사람 중에 당신보다 나은 사람은 아무도 없다. 또한 당신보다 영리한 사람도 없다. 부자라고? 당신이라고 되지 못할 이유가 어디 있겠는가?

우리의 습관은 우리가 사는 인생을 만들어 낸다고 한다. 부자가 되고 싶다면 부자 습관 쪽으로 습관 시소가 기울도록 해야 한다. '당장 시작하라' 안 좋은 습관을 좋은 습관으로, 모두 바꿀 수 있다. 습관에는 결과가 따른다. 습관은 부, 가난, 행복, 슬픔, 스트레스, 좋은 인간관계, 나쁜 인간관계, 좋은 건강, 나쁜 건강의 원인이다. 습관은 우리도 모르는 사이에 우리의 삶에 영향을 미친다. 어쩌면 인생을 이롭게 지배하는 방법은 좋은 습관이 답인지도 모른다.

4-11
여행 닮은 인생

인생은 여행을 닮았다. 인생의 이름은 우여곡절, 삶의 여정은 파란만장이다. 중요한 건 다음 여정을 준비하는 마음의 자세다. 인생이 '재미나는 이야기 길'이 되는 덴 산전수전이 승승장구보다 유익하다. 기억에서 희미해진 1등보다는 울퉁불퉁 오래가는 11등이 노래 마을에선 오히려 환영받는다. 물론 실력을 갖췄을 때 가능한 일이다.

어른이 된다는 건 기쁨이 줄어든다는 것과 그리고 모든 감정은 좋은 기억뿐 아니라 나쁜 기억도 자신을 만드는 것임을 인정하게 된다. 처음엔 좌고우면, 가끔은 좌충우돌했지만 결국은 자기성찰의 거울 앞에 선다. 인생 여행 중에 연속으로 삶의 노래들을 듣다 보니 단어 하나가 잇달아 가슴까지 내려온다. 바로 '오늘'이다. 지나온 시간 속에서 '오늘'이 존재했기 때문에 가능한 일이다.

오늘도 같은 자리 운전석에 앉아 모처럼 나 홀로 여행을 떠나본다. 여행 일정과 갈 곳을 정하고 차량 시동을 걸고 첫 목적지로 간다. 이번 여행의 의미는 전국을 돌며 나 혼자만의 시간을 갖는 일이다. 달리는 차량 속도에 스쳐 가는 풍경에 흠뻑 빠져드는 일도 매력이 있다. 매번 휴가 때마다 나 홀로 여행을 생각했지만, 매번 기회를 놓치고 만다. 그래시 이번 여행이 나에게는 중요한 시간임을 알고 있다. '저 오늘 떠나요. 내 마음 휴가를 주기 위해 떠나요'라고 혼자 외친다.

두말할 필요 없이 도시에서 접할 수 없는 풍경을 실컷 보겠다는 기대 때문이다. 또한 동행자가 없으니 내가 가보고 싶은 길에 불만이 있는 사람도 없다. 그러니 나 혼자 많은 시간을 갖고 보낼 수 있는 여행인지도 모른다. 낯선 곳에서 나를 접하면서 이런저런 생각들을 돌아 볼 수 있는 기회일 수도 있다.

불안과 부러움 등 온갖 감정의 소용돌이 속에서 길을 잃어본 적이 있었던 나, 자신에 대한 부정적인 감정으로 위축되었던 나, 타인의 인정을 받기 위해 애써 다른 사람을 흉내 내던 나, 내가 갖지 못한 장점을 가진 친구를 깎아내리려 했던 나…. 그 수많은 내가 떠올랐을 것이다. 지금까지도 여전히 자신의 감정을 차지하고 있는 '불안'과 '부러움'을 갖고 살고 있는지도 모른다.

의무감으로 오늘을 살면 인생 여행도 출장에 불과하다. 내일이 오늘의 탄생이 되려면 오늘은 어제의 죽음이어야 마땅하다. 사춘기에 각종 명언을 원문으로 외우던 세대라면 기억할 것이다. '오늘

할 일을 내일로 미루지 말라'이다. 지금 보면 평범한 말 아닌가 싶었는데, 삶에서 매우 중요한 말인 건 부인하기 어렵다.

 즐겁게 보낸 오늘이 행복한 내일의 재료가 되려면 오늘 내가 할 일을 구별해야 한다. 살아가다 보면 하고 싶지만, 그리고 할 수 있지만 해서는 안 될 일이 오죽 많은가. 그러니 하고픈 일, 할 수 있는 일, 해야만 할 일을 잘 구별하여 움직여야 한다. 지혜로운 사람이라면 특히 곱씹어야 할 고언이다. 프랭클린은 이런 말도 덧붙였다. '당신은 지체할지 몰라도 시간은 봐주지 않는다'고 한다.

 알찬 인생을 바란다면 삶의 여정을 준비하듯 오늘을 채워가길 바란다. 지금 한순간 한순간이 내 인생이기 때문이다. 이걸 떠나서 다른 내 인생은 없다. 내일은 내일이고, 지금이 중요하다. 그러니 내 마음의 휴가를 위해 떠나는 여행도 중요하다. "아! 훌륭해. 룰루라라…. 행복한 인생이야. 앞으로 이 여행이 계속 이어지기를" 내 삶이 온전하게 행복하고 자유롭게 만들 책임이 우리에겐 있다.

4-12
사람의 참모습을 보라

　유명인이든 일반인이든 그 사람의 참모습을 아는 것은 어려운 일이다. 그러나 사람들은 두 가지의 상황에서 위장의 가면을 벗는다. 하나는, 위장할 여유가 없는 절박한 위기 상황에서다. 침몰하는 배에서 약자를 구명선에 먼저 태우며 양보하는 사람도 있고, 약자를 밀쳐내고 자신이 먼저 타는 사람도 있다. 한 사람의 참모습은 순탄한 때보다 고난과 역경의 위기 상황에서 더 잘 드러난다.
　또 하나는, 행동의 자유가 많아서 위장할 필요를 느끼지 못하는 상황이다. 권력과 재력은 개인의 욕망을 드러내는 행동의 자유가 증가함을 의미한다. 권력을 잡으면, 반대자를 숙청하거나 사리사욕을 채우는 일에 집중하는 정치인이 있는 반면, 자신을 핍박했던 사람들에게 관용을 베풀거나 검소한 삶을 지속하는 정치인도 있다. 정치인이든 일반인이든 무엇을 위해 어떤 방식으로 돈과 권력을 사용하는지를 관찰하면, 그의 참모습을 가늠할 수 있다.
　한 사람의 참모습이 가장 잘 드러나는 상황은 가정이다. 가정은 타인의 평가를 염려해야 하는 사회적 압력이 적은 곳이기 때문에 가장 편안한 곳일 뿐만 아니라 자신의 진짜 모습을 드러내는 곳이기도 하다. 인격자로 존경받는 사람이 가정에서는 폭력을 행사하는 경우도 있고, 호랑이 같은 사람이 가정에서는 순한 양이 되는 경우도 있다. 가정은 큰 자가 작아지기도 하고 작은 자가 커지기도 하는 곳이다. 한 사람의 참모습을 가장 잘 아는 사람은 오랜 기간 우여곡절을 함께 겪어온 배우자라고 할 수 있다. 그래서 배우자로부터 진정한 애정과 존경을 받기가 그토록 어려운 것인지 모른다.

그렇다. 사람의 참모습은 가장 기본적인 가정에서 드러난다. 대게 인생의 내 시간을 내 맘대로 할 수 없었던 이유다. 하지만 자신의 참모습에서는 내가 언제 무엇을 할 것인지, 그 시간에 대한 권리를 회복하고 되찾아 스스로 결정할 수 있어야 한다. 그래야 진짜 자기 삶이 굴러간다.

분명한 것은 내게 부여된 시간일지라도 그것이 온통 남이 짜서 강제한 시간표에 따라 사는 것이라면 자기가 살았다고 말할 수 없다는 사실이다. 오히려 내게 부여된 시간을 어떻게 배분하고 쓸 것인지를 순전히 나 스스로 주체가 되어 결정한 것만큼만 진짜 자기 수명이 아닐까 싶다.

시간만이 아니라 자기 자신이 어디에 있을 것인지, 또 거기서 어떻게 존재할 것인지에 대해 타율이 아니라 자율에 의해 스스로 정하고 또 결정할 수 있어야 한다. 남이 부여한 시간표가 아니라 나 자신만의 시간표와 좌표로 삶을 살아갈 수 있도록 스스로 준비하고 대비해야 한다. 그래야 비로소 진짜 자기 생이 펼쳐지기 때문이다.

우리가 살면서 대부분 자리에 자신이 매몰되어 있기 쉽다. 하지만 그 버릇과 습관을 버리지 못하고 살다 보면 삶은 피곤해지고 생은 지리멸렬하게 된다. 참다운 삶을 제대로 살려면 자리가 아니라 일에 방점이 크게 찍혀야 한다. 결국, 일은 곧 내가 생존하는 방식이며 세상에 나의 흔적을 남기는 통로다. 일을 통해 사람은 크고 일을 하며 사람은 자란다. 그런 의미에서 일자리에서 '자리'를 찾을 것이 아니라, '일'을 되찾아야만 한다. 그래야 산다.

사실 남자는 여자에 비해 훨씬 더 자신과 자리를 끊임없이 일치시키고 동일시하며 살아왔다. 남성 우위의 허울도 모자라 그 이상으로 자리에 집착하고 그에 대한 강박감이 컸던 것이 이른바 사회적 수컷으로 길들어온 남자들의 숨길 수 없는 단면이리라. 그래서 직업을 찾을 때도 직만 추구하지 업은 안주에 없는 경우가 대부분이다.

하지만 크든 작든 자기 업을 추구해온 이의 삶은 갈수록 윤이 나고 빛이 난다. 업이 일이고, 직이 자리다. 그러니 진짜 중요한 것은 일이지 자리가 아니다. 모든 자리는 잠시 걸터앉아 있는 것일 뿐 결코 내 것이 아니라는 사실을 직시해야 한다. 하지만 일은 하기에 따라 얼마든지 내 것이 된다.

그러니 나이 들수록 자기 일을 찾아 차이를 드러내고 이를 지속해야지, 왜 여전히 자리에 안달인가? 사람은 누구나 일할 수 없는 처지가 되면 여지없이 변화가 시작한다. 일이 없으면 삶은 감옥이고 지옥이 된다는 것을 알게 된다. 이것이 또한 가장 두려운 변화다.

거듭 말하지만 좋아하는 일을 제대로 발견하고 그것에서 자기 결에 바탕한 차이를 드러내고 그 차이를 지속하는 것이 자기 일을 찾고 자기 업을 추구해야 하는 것이 비책 중 비책인 셈이다. 그런 생각으로 제대로 살면 자기 삶의 결들이 고스란히 드러나기 마련이다. 가지런하게 정돈된 삶의 결은 자기의 일에서 나온다. 자기 일을 통해 자기만의 결이 만들어진다. 결국, 그 사람의 참모습은 그 '결이 깃든 삶'을 짓고 만드는 과정이 된다.

나의 일을 통해 만들어지는 '결이 깃든 삶'과 진짜 자기가 하는 '일을 기록하는 일기'를 써보자. 자기도 모르는 사이에 정녕 자기 자신이 할 수 있고 또 해야 할 일이 뭔지를 깨닫게 되는 계기가 거기서 발견될 것이다. 그리고 그것이 자기만의 삶의 결을 차곡차곡 집적해 누구도 흉내를 낼 수 없는 자기 삶의 진가를 만들어낼 것이다. 그런 자기 삶의 참모습이 곧 자기가 이 세상에 살아 있었다는 가장 분명한 증거가 될 것임은 물론이다.

'쓸모없음'에도 쓸모가 있다고 한다. 곱게 자란 나무는 쓸모 있음 때문에 스스로를 해친다. 등불은 세상을 밝힌다는 쓸모 있음 때문에 자기 자신을 태워 없앤다. 계수나무와 옻나무도 쓸모 있음 때문에 벗겨지고 잘려 나간다. 쓸모가 없었다면 제 수명을 다했겠지만, 쓸모가 있었기에 생을 이어가지 못한다. 쓸모 있음에만 주목하는 사람들에게 그 이면을 보라고 말하는 것이다.

4-13
상상을 빚다

《 포토 에세이 》

겨울답지 않게 겨울비가 내리는 저녁이다.
어둠을 밝히는 가로등도 길을 향해 긴 목을 숙이고 불빛을 내린다.

언제쯤 비가 그치려나 문을 열고 밖으로 나왔다.
내리던 비는 멈추고 바람 한 점 없는 조용한 밤의 시간이다.

비가 더 올까 하는 마음에 하늘을 올려본다.
앙상한 나뭇가지에 빗방울이 만든 거미줄 형태의 모습이
내 눈에 들어 왔다.
가지에 맺힌 빗방울이 가로등 불빛에 반사되어 상상의 그림을
만들어 준다.
이런 작품은 자연의 조화로 만들어진 예술에 가깝다.

혹시 큰 거미가 왔다 갔을 정도의 착각이 생길 만한 일이다.
그런 짧은 시간에 예술 같은 그림을 혼자 볼 수 있다는 것은
큰 즐거움이다.
찬 바람이 불고 있었다면 가능했을까.
그 시간에 볼 수 없었다면 그냥 나뭇가지였을 것이다.

가장 아름다운 상상의 느낌을 볼 수 있다는 것은 정말
운이 좋은 날이다.
언제든 볼 수 있고, 흔한 것이 아니기에 자연이 빚은
그림 같은 작품이다.
원으로 만들어진 거미줄 모형을 보니 이런저런 느낌이 떠오른다.

첫 느낌은
복잡한 사회 분위기 속에서 거미줄처럼 얽히고설키며 살아가듯
떠오른 태양 아래 하루를 보내는 우리네 삶처럼 보인다.

또 다른 느낌은 많은 빗방울이 서로 손을 맞잡고 함께 둥글게
살아가는 모습도 보인다.
서로 손잡고 힘든 삶을 버티며 밝은 세상을 바라보는 의미도
엿보는 시간이다.

살면서 가끔 선물 같은 날들이 있다.
아직 추운 겨울이지만 따뜻한 느낌으로 바라볼 수 있는 눈을
확인하니 입가에 미소가 절로 나온다.
부디 우리의 생각과 마음이 높아지기를.
오늘같은 특별한 기적의 날이 다가올지 사뭇 기대된다.

4-14
마지막 달 삶의 계산서

절기 중 입동이 지났다. 날씨가 포근하니 춥지 않아 그나마 좋다. 수능 시험을 보는 아이들이나 부모는 하루 종일 마음 편했을 리 없다. 그 간절함이란! 이미 그 시간을 지나왔지만 매년 이 계절, 이 시간만 되면 함께 기원한다. 수험생뿐만 아니라 한해 농사를 짓고 결실을 바라보는 농부의 수고와 노력이 헛되지 않게 모든 꿈이 황금빛으로 활짝 피어나길 기대해본다.

이제 한 해를 돌아보고 정리할 때가 되었다. 경험이 우리에게 일러준 지혜도 꼼꼼히 담아두고, 실수를 토대로 앞으로의 대안도 마련하는 시기이다. 마지막 달에 꼭 치러야 할 통과의례가 있다면 그것이 바로 '마음 정리'다. 어쩌다 보니 번갯불에 콩 볶아 먹듯 바쁜 한 해를 또다시 보내고야 말았다. 주제 파악 못 하고 세상의 속도에 발맞춰 좇으려다가 나만의 방향 속도를 잃어버린 탓이다.

지난달에는 경조사에 참석할 일이 몰렸다. 지인의 자녀 결혼식에 세 번 참석하고, 인연이 깊었던 두 분의 장례식에 조문해야 했다. 결혼식은 축하할 일이고 장례식은 위로할 일이라 빈손으로 갈 수 없어 경조사비를 챙겨야 했다. 혼주나 망자와의 관계를 생각하며 경조사비 봉투에 얼마를 넣어야 할지 망설였다. 경조사비 액수를 결정하는 데는 혼주든 망자든 그들과 맺은 인간관계의 계산서가 반영된다.

사소한 것일 수 있는 경조사비 액수가 때로는 인간관계에 심각한 영향을 미치기도 한다. 경조사비에는 과거에 진 빚을 갚는 의미도 있지만, 미래의 이익을 위한 투자의 의미도 담겨 있다. 인간관계는 사랑과 우정을 나누는 행복의 원천인 동시에 갈등과 불화의 근원이기도 하다. 인간관계는 가만히 머물지 않고 끊임없이 변한다. 오랜 친구에게 실망하여 멀어지기도 하고, 새로운 사람에게 호감을 느끼며 친해지기도 한다.

인간관계 계산서가 각기 다른 것은 돈을 제외한 다른 자원의 크기를 산정하기 어렵기 때문이다. 교환되는 자원의 중요성은 사람마다 다르다. 애정 결핍을 느끼는 사람에게는 돈보다 상대방의 따뜻한 말과 애정 표현이 더 중요하다. 반면에, 돈을 중시하는 사람은 애정 표현을 별 가치가 없는 것으로 평가절하한다. 어떤 관계든 서로의 계산서가 다르면 갈등이 발생한다.

우리는 평소에 인간관계 계산서를 솔직하게 공개하지 않는다. 그러나 갈등이 발생해 다툼이 생기면 비로소 계산서를 공개하게 된다. 부부 상담 장면에서, 남편과 아내는 모두 자신이 적자 인생을 참고 살았다며 불만을 토로하는 경우가 흔하다. "나는 이렇게 헌신했는데. 당신은 나에게 해준 게 뭐가 있냐"고 다툰다.

매년 연말이 되면 한 해 동안 맺어온 인간관계의 장부를 정리하는 시기다. 여러 사람과 관계를 맺으며 주고받은 것을 결산하게 된다. 인간관계 결산서가 적자라고 생각하면 다른 사람에 대해 섭섭함이 늘어난다. 과거에 많이 도와주었건만 연락도 없이 배은망덕하다고 느끼기 때문이다.

가는 것보다 오는 것이 많으면 관계가 만족스럽지만, 가는 만큼 오지 않으면 실망한다. 인간관계의 계산서가 흑자일 때는 만족하지만, 적자일 때는 불만을 느끼는 것이다. 사람들은 상대방에게 준 것은 꼬박꼬박 기억하지만, 자신이 받은 것은 망각하는 경향이 있다.

자신이 베푼 호의만 기억하고 받은 은혜를 망각하면 더욱 그렇게 느껴진다. 그러나 빈손으로 와서 이 나이까지 살 수 있도록 많은 사람으로부터 받은 도움과 은덕에 주목하면 조금은 마음이 넉넉해진다. 불교 금강경에 '무주상보시'라는 말이 있다. 준다는 생각 없이 베풀라는 뜻이다. 인간관계 장부에 기록하지 말고 주라는 것이다. 성경에도 '오른손이 한 일을 왼손이 모르게 하라'는 구절이 있다.

줄 때는 훗날의 보상을 기대하지 않고 그냥 주는 것이 좋다. 주는 사람이나 받는 사람 모두의 행복을 위해서 그러하다. 받을 것을 기대하고 주면 반드시 뒤탈이 생기기 때문이다. 자녀의 효도를 기대하고 재산을 물려주면 갈등이 생겨나기 마련이다. 많은 사람의 칭송을 기대하며 기부금을 내면 나중에 후회하게 된다.

인간관계의 본질은 교환이다. 인간관계의 변화 과정을 설명하는 대표적인 말이 있다. '기브 앤 테이크(give & take)', 즉 여러 가지 자원을 주고받는 거래인 것이다. 사람들은 의식적으로든 무의식적으로든 인간관계에서 주고받는 것을 계산한다. 인간관계의 갈등이 생기는 주된 이유는 서로의 계산서가 달라서이다.

또한, 인간관계에서는 많이 받아서 갚아야 할 빚을 남기는 것보다 많이 주고 베푸는 것이 더 나은 인생이지 않을까? 모든 것을 남겨두고 빈손으로 떠나야 하는 것이 진리임을 안다. 그러니 아직 남아있는 삶의 계산서를 정리하면서 간절한 계절에는 더욱 그러하지 않을까?

4-15
자영업

요즘은 돈 된다고 하면 '불나방 창업'이 우후죽순처럼 늘어나면서 무한경쟁 영역에 접어든 상태다. 이처럼 쉬운 창업이 쉬운 폐업을 불러오는 경우다. 오죽하면 이런 명언이 있다. "아무리 힘든 삶이라도 살아남았다면 승자"라는 말을 한다. 이 말은 많은 자영업자가 악착같은 발버둥과 몸부림에도 불구하고 결국 제 이름 하나 남기지 못한 채 쓸쓸히 사라져가기 때문이다. 대부분 자영업을 했던 사람이면 "잘 나가던 가게 닫고 나니 남은 건 빚과 가난. 절망뿐"이라고 한다.

8월 중순 토요일 오후 1시 무더운 날, 고교 동창 자녀 결혼식에 갔다. 그곳에서 축하하러 온 영화 친구를 만났다. 친구는 40대부터 인천 계양구에서 치킨 장사를 했던 터라 좀처럼 만날 수 없었다. 졸업 후 꽤 오랜만에 만나서 그런지 조금은 어색했다. 피로연을 마치고 친구와 함께 내 차량에 합석하고 인천으로 돌아오는 길에 그동안 안부를 서로 주고받았다.

차 안에서 이런저런 이야기를 하던 중 나는 친구에게 "너 치킨 사업 잘되는 거지"라고 물었다. "어. 몇 달 전 치킨 가게를 접었어"라고 뜻밖의 말을 했다. "삶은 끝이 보이지 않는 터널 같았고. 너무도 힘들어 더는 버티지 못할 것 같아서" 얼마 전 가게를 접고 지금은 배달만 한다고 한다.

치킨 가게를 시작한 지 20년 넘게 영업했는데…. 먹고사는 것이 힘들었다고…. 그래서 가게를 폐업 후 정식 일자리를 구하기 전까지 음식 배달 아르바이트를 하기 위해 오토바이에 오른다고 한다. 통계에 의하면 자영업으로 생계를 이어가는 사람이 천만명에 이른다고 한다. 국민의 20%이자 전체 취업자의 3분의 1에 달한다고 한다. 저소득과 빈곤을 그대로 방치하기에는 너무도 많은 수치다.

자영업도 경제를 지탱하는 중심축으로 국민 20%가 자영업으로 먹고 살아간다고 해도 과언이 아니다. 대부분의 자영업자 가구가 일반 근로자 가구의 절반에도 못 미치는 벌이로 버티고 겨우 살아가고 있다. 이러한 저소득은 과잉 노동, 과잉 부채를 유발하는 모든 악의 근원이다.

소득이 줄면서 사람을 쓰는 건 꿈도 못 꾸는 '나 홀로' 자영업자만 늘어난다. 친구도 어쩔 수 없이 하루 열 시간 이상을 혼자 또는 가족과 일한다. 물론 가족 구성원은 급여가 없다. 그러니까 외부에서 일했을 때 받을 수 있는 급여는 '기회비용'으로 날려야 한다.

직원 없이 혼자 일하는 이유 하나도 저소득이다. 그의 한 달 소득은 고정비용을 지출하고 나면 평균 150만원이다. 소득으로 생활을 유지해 나가기 어려우니 빚은 늘어만 간다. 벌이가 시원치 않으니 빌린 돈을 제때 갚을 수도 없다. 빚으로도 버틸 수 없으면 결국 문을 닫아야 한다.

숨만 쉬어도 매달 고정비용은 지급해야 한다. 월세와 전기요금, 관리비 부담으로 한숨이 나온다고 한다. 고물가는 자영업자나 고객 모두 불편한 관계를 만드는 큰 요인으로 작용한다고 한다. 인건비 인상과 맞물려 종업원을 두고 영업을 할 수 없으니 큰돈 벌기는커녕 몸만 힘든 날이 연속이니 친구의 한숨 소리는 더 커졌다고 한다.

또 하나의 비용부담은 배달비다. 예를 들면, 소비자에게 치킨 한 마리 2만5000원어치 팔면 배달비가 6710원 나가고 재료비, 운영비 다 빼면 사실상 손해다. 고육책으로 음식값에 배달비 얹으면 매출액 커져 세금과 수수료가 더 나간다. 결국 자영업자가 받는 돈은 1만8290원이 된다. 음식을 팔면 팔수록 수익은 줄고 배달업체만 배를 불리는 경우다. 실속 없이 매출액만 올라가서 수수료랑 세금이 덩달아 뛰어오른다. 그러니 전체 음식 가격의 26.8%를 차지한다고 말한다.

배달앱은 출범 초기만 해도 저렴한 이용료를 바탕으로 자영업자의 손발 역할을 톡톡히 했다. 하지만 생태계를 구축하고 지배하는 절대자가 되면서 상황은 역전됐다. 사업 초기 건당 1000원이던 배달 중개수수료가 매출액의 9.8%로 급등한 상태다. 사실상 그들만의 독과점 시장이라 '울며 겨자 먹기'로 가격을 수용해야 한다. 배달 플랫폼 중개수수료 부담, 가격 인상으로 자영업자에게는 생계유지의 걸림돌로 작용하고 있다.

오죽하면 "배민 망하게 해주세요"라고 자영업자는 절규한다. 또

한 자영업자 간 경쟁을 부추기는 구조의 배달앱 광고도 원성의 대상이라고 한다. 대표적인 게 이른바 '깃발 꽂기'로 불리는 정액제 광고 서비스다. 돈을 많이 내면 가게 소비자가 아닌 곳의 소비자에게도 노출된다. 그만큼 노출 지역이 넓어지고 소비자에게 주목을 많이 받을 수 있는 구조다.

결국 가게를 접은 친구는 "온라인 광고만 안 했더라도 가게를 조금은 더 오래 할 수 있었을 텐데 후회가 크다"고 말한다. 예전에 내가 요식업을 했을 때는 고물가, 배달앱, 광고 대행비는 거의 없었다. 코로나를 겪으면서 비대면으로 바뀌면서 배달문화가 일상화되었다. 그동안 배달앱은 가맹점 수수료를 올리고 있고, 음식 가격의 인상에 따른 소비자의 부담이 가중되는 등 악순환이란 절망의 수렁에서 빠져나오지 못하고 있다.

치킨 장사는 주말이 절정이다 보니 평일보다 바쁜 날이다. 평일 주말 구분 없이 일만 하다 보니 아직 부부 동반 여행 한 번 가보지 못했다. 흔한 가족 모임도 갈 수 없을 정도로 현실은 그에게 작은 쉼. 공간도 허용하지 않았다. 가게 폐업 후 계획을 물었더니 깊은 한숨이 돌아왔다. "내 나이가 60이고, 막노동했다가는 약값이 더 많이 들겠고, 다시 이 일을 하자니, 미래가 보이지 않는다"라고 한다.

지금의 자영업자는 예전부터 자영업에 종사해 왔던 이들일까, 아니면 뒤늦게 자영업자가 된 이들일까. 이 친구처럼 젊은 시절 자영업에 뛰어든 이들이 오랫동안 자영업을 떠나지 않고 있다는 생각이 든다. 예전에는 전성기를 거치고 지금은 악조건에서 그것도 나이가 들어 해야만 하는, 고령 자영업자 문제에 봉착했다고 해도 과언이 아닌 셈이다.

자영업(自營業)은 회사 등의 법인을 설립하지 않고 자신이 직접 경영하는 사업을 말하고 고용주가 아닌 자신을 위하여 일하는 형태다. 노동법과 근로기준법은 근로자의 권리를 보호하지만, 자영업자는 근로자가 아니므로 권리를 보호받을 수 없다. 노동자 보호법은 많은데 자영업자 보호법은 없다. 근로자의 권리를 보호받지 못하는 자영업은 상당수의 자영업자가 망하는 즉시 길거리에 나앉아야 할 판이다. 이는 개인 삶에 숨통을 막는 안타까운 길로 이어질 수밖에 없다.

벼랑 끝 몰렸어도 길은 있다고 한다. 어떤 이는 폐업을 앞두고 다른 일을 찾아보려고 고민하다가 "이거 그만두고 뭘 할 수 있겠어" 다시 자영업으로 돌아오는 경우도 있다. 반면 친구처럼 미련 없이 가게를 정리하고 배달업으로 갈아탄 사람도 있다.

취미는 여러 개를 가질 수 있지만, 직업은 여러 개를 갖기가 쉽지 않다. 내가 무엇을 하며 살아갈 것이냐가 결정되는 것이 바로 지금이다. 친구는 제2의 인생을 설계하고 희망을 안고 달린다. 망설이기엔 인생은 정말 짧습니다. 이왕 새로운 일에 올라탔으니 넘어지지 말고 끝까지 살아남는 승자가 되기를 응원해 본다.

4-16
생애 벅찬 꿈을 꾸며 살자

똑같은 일상이 없듯이 오늘은 새삼 삶이 주는 기회, '또 다른 나'가 되는 일이며 '다른 삶'을 위한 용기 있는 날이다. 풍요롭고 값진 결실의 계절 가을이 가고 있다. 내년에도, 그 후년에도 가을은 다시 돌아오니까 아쉬움을 접어본다. 하지만 문득 그런 생각이 든다. 좋은 계절이 아무리 좋았던들 다음에도 이번과 똑같은 날들이 되풀이된다고 한다면 마냥 좋을까. 나는 별로인 것 같다.

그냥 다르게 좋은 날들이면 좋겠다. 한 번뿐인 생이라니 최대한 다채로운 즐거움을 누려보고 싶다. 같다면 반복하고 싶진 않고 반복되는 일상이 없듯이 변화되는 나를 바꾸는 방법도 병행해야 한다. 시간을 달리 쓰는 것, 좋은 습관으로 바꾸는 것, 새로운 사람을 사귀는 것, 이 세 가지 방법이 아니면 사람은 바뀌지 않는다. 우린 살면서 일인다역 하며 스스로 다양한 행복과 행운을 누렸다고 생각한다.

역설적이지만, 이처럼 삶을 한 번이면 충분하다고 여기면 최대한 충만하게 살고자 하는 욕망도 뒤따르는 것 같다. 이번 생 안에서 '다양한 나'를 꿈꾸게 되는 것이다. 다양한 나를 꿈꾸다 보면 '또 다른 나'를 찾게 된다. 또 다른 내가 필요한 순간은 용기가 필요한 순간이기도 하고, 용기가 필요한 순간에 용기를 낼 수 있다면 '최고의 나'를 만나는 것이다.

그러니까 다양한 나를 꿈꾸기 시작하면서 최고의 나를 구하는 길이 열리게 되는 것이다. 생각보다 우리는 자신을 하나의 특정한 존재로 가두고 있을 때가 많다. 나는 이건 할 수 있고, 그건 할 수 없는 사람이라는 식으로. 하지만 그러면 삶이 주는 기회들을 한껏 활용하기 어렵지 않던가? 내가 나를 한계 짓고 구속하면 다양하고 충만한 삶을 만들기가 힘들다. 유일한 생을 좀 더 다채롭게 누리기 위해 나도 궁리를 많이 했다.

예를 들면, 지금하고 있는 일이 서비스 업종이면 다양한 사람들을 만나고 응대해야 한다. 내부 실적을 높이기 위해 부단히 외향성이 충만해야 한다. 하지만 자신이 가진 성향이 내향성이라면 서비스 업종에 큰 장애가 될 수 있다. 이 직종에서 살아남기 위해서는 외향성을 최대한 키워야 한다. 부단히 노력하다 보면 어느새 주변에서 나를 외향형으로 볼 수 있게 된다. 일을 더 잘하려고 노력한 끝에 얻은 이미지였지만 비로소 알게 된다.

사람들에게 겉으로 드러내 보일 수 있는 다양한 특성들이 내재해 있음을. 그렇다. 우리 삶은 선택이란 이름 아래 어떤 길을 간다. 하지만 그것은 선택이기보다는 떠밀림이라고 말해야 옳을지 모른다. 그렇게 갈 수밖에 없었던 길이다. 게다가 일단 어떤 길에 들어서면 여간해선 다시 돌아 나오기 쉽지 않다. 못마땅해도 그냥 가는 도리밖에 없어 보인다.

앞만 보고 가던 길을 잠시 멈추고 가지 못한 길을 찾아갈 상황도 생길 수 있다. 우린 젊은 시절에 '가지 않은 길'이 아니라 '가지 못한 길'을 이제서야 먼 길 돌아와 다시 걷고 싶은 심정일 수도 있다. 아마도 그것이 자기 결대로 사는 것임을 절절하게 느꼈기 때문에 벤치마킹할 수 있는 좋은 기회를 많이 얻고 있다면 경쟁력이 더 향상된다.

아이러니하게도 한 번뿐인 삶에서 오직 하나의 나로만 사는 건 쉽지 않은 것 같다. 하고 싶은 게 많아서일 수도 있겠고, 세상이 많은 걸 요구하기 때문일 수도 있다. 그렇다면 '또 다른 나'를 꺼내기 위해 용기가 필요한 순간에는 어떻게 하면 좋을까? "오늘은 어떤 내가 되어야 할까?" 먼저 내가 나를 선택할 수 있다는 사실을 깨닫는 게 중요하다.

다른 삶에 대한 갈망은 다시 태어나지 않아도 현생에서 실현할 수 있다. 내가 바뀌면 된다. 나라는 사람을 상황에 맞게 변주할 수 있다고 생각하면 좋다. 자신의 다양한 잠재력을 믿고 원하는 만큼 변할 수 있다고 믿는 게 중요하다. 우리에게 필요한 대담성과 용기는 이런 믿음에서 비롯된다.

나는 고정불변의 존재가 아니기에 꿈도 변하는 것이다. 내 안의 다양성을 발현하면 훨씬 자유로워지는 것 같다. 삶이 주는 기회와 가능성도 덩달아 커지는 셈이니까. 자, 그럼 원하는 모습을 그리며 상상력을 발휘해 보자. 한 번뿐인 인생을 후회 없이 다양하게, 기왕

이면 언제나 '최고의 나'를 불러낼 수 있다면 좋지 않을까?

"살면서 벅찬 순간을 얼마나 많이 맞이했는가!"라고 나 자신에게 던져본다. 그런 벅찬 순간이 기억 속에 있는 것보다 힘들었던 기억이 더 많이 남을지도 모른다. 내게 있어 가장 벅찬 순간은 힘든 일을 이겨내고 꿈을 꾸고 실행할 때 가장 벅찬 순간이 아닌가 생각한다. 이러한 벅찬 순간은 나의 표정을 밝게 만든다. 표정을 조금만 더 밝게 한다면 왠지 좋을 것 같다.

인생에는 두 종류의 삶이 있다고 한다. 기적 같은 건 없다고 믿는 삶과 모든 것은 기적이라고 믿은 삶이다. 지금은 느낀다. 살면서 벅찬 순간과 밝은 표정이 말 못지않게 중요함을 이제야 깨달아가고 있다. 우리는 생애 벅찬 꿈을 꾸듯 기적 같은 삶을 살아간다. 우리가 살다 보면 잔뜩 흐린 날도 있지만, 가끔 선물 같은 날들이 있다. 오늘은 어떤 멋진 일들이 행운으로 다가올지 사뭇 기대되는 날이다.

글을 마무리하며 느낌이란 밀린 숙제를 잘하고 노트를 접는 느낌이다. '참 잘했어요' '정말 수고했어요'라고 나에게 속삭인다. 마음속이 후련하다고. 바람처럼 내게서 지나가는 느낌이다. 이런 날은 내 기분이 날아갈 듯 좋다. 야호~ 야호~. 숙제하듯 살지 말고 꿈꾸며 축제하듯 살자고요.

〈 에필로그 〉

　빠르게 스쳐 지나가는 일상과 그 안에서 맺어지는 작지만 소중한 추억들. 더 이상의 밑바닥은 없을 거라 여긴 처절한 시간 속에서 간절하게 내디딘 한걸음까지. 모든 이 순간이 모여 그때의 나를, 지금의 나를 만들었기에 우리의 삶은 값지고 빛난다.
　오늘 이처럼 살아 있고 살아간다는 것이야말로 무엇보다 중요한 기적이다. 사람들은 때때로 살아 있다는 것을 너무나 당연하게 여긴다. 살아 있다는 것은 오늘 하루를 나로서 무언가 해 나갈 수 있고 다시금 나를 만날 수 있는 기회는 살아있다는 사실에서 온다.
　우리는 살아가면서 많은 것을 원하고, 어떠한 존재가 되고 싶고 무언가를 갖고자 한다. 이는 어쩌면 이 사회를 살아가는 데 중요한 의미일지도 모른다. 한편으로 이처럼 원하고 추구하며 끊임없이 살아가지만, 삶은 언제나 갈증을 느끼고 지금도 다른 무언가를 바라보며 산다. 순간이 지나면 또 다른 것에 갈증을 느끼는 것이 우리 삶의 모습이다.
　다양한 경험을 통해 우리의 일상이 감사하게 느껴지기도 하고 조금 더 행복하게 삶을 살아갈 수 있는 원동력을 얻는다. 모두가 오늘을 여행하듯 즐겁게 살아갔으면 한다. 완벽한 삶의 결과를 내기 위한 일상이 아닌 내 안의 즐거움과 새로운 나를 찾아가는 시간이었으면 좋겠다.

오늘은 과거와 미래를 연결하는 고리다. 오늘은 과거가 미래에게 릴레이 바통을 넘겨주는 순간이다. 오늘의 삶에 대한 인생 관리는 과거의 인생 회고와 미래의 인생 설계 없이 충실하게 이루어지기 어렵다.

우린 완벽하지 못한 사람이라서 실패를 거듭하고 꿋꿋하게 오늘을 도전하는 나로 살아간다. 나를 찾아가는 오늘이 내 삶에 어떤 의미를 가진 것인지를 잘 생각해 보게 되면서 나의 삶이 풍성해지는 느낌이다.

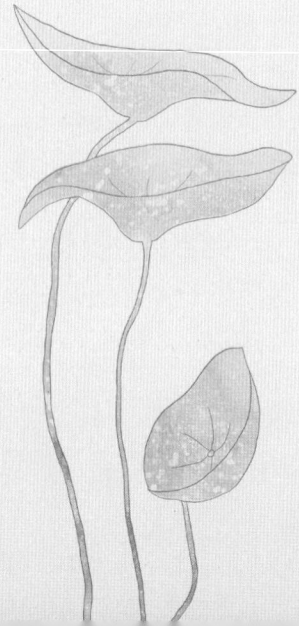